U0631831

名师名校名校长

凝聚名师共识
唤起名师关怀
打造名师品牌
培育名师群体

张明远题

班级管理小智慧

黄雪萍 著

中国出版集团 现代出版社

图书在版编目（CIP）数据

班级管理小智慧 / 黄雪萍著. — 北京：现代出版
社，2022.11

ISBN 978-7-5231-0009-7

Ⅰ.①班… Ⅱ.①黄… Ⅲ.①班级—学校管理 Ⅳ.
①G424.21

中国版本图书馆CIP数据核字（2022）第216918号

班级管理小智慧

作　　者	黄雪萍	
责任编辑	张红红	
出版发行	现代出版社	
地　　址	北京市安定门外安华里504号	
邮政编码	100011	
电　　话	010-64267325　64245264	
网　　址	www.1980xd.com	
印　　制	北京政采印刷服务有限公司	
开　　本	710mm×1000mm　1/16	
印　　张	10	
字　　数	160千字	
版　　次	2022年11月第1版　　2022年11月第1次印刷	
书　　号	ISBN 978-7-5231-0009-7	
定　　价	58.00元	

版权所有，翻印必究；未经许可，不得转载

目 录

师 生 篇

家 校 篇

综 合 篇

师生篇

记得33年前刚执起教鞭当老师的时候，强调师道尊严，强调学生要服从老师、听从老师教导。但与学生相处久了，师生关系在不知不觉中发生了变化，变成了亦师亦友。而我慢慢地发现，有时学生是我的镜子，从他们的言行中，我常看见自己的影子；有时学生是我的好伙伴，与他们同行，教学相长；有时学生是我的老师，他们的言语常给我启发。

好 心 态

《中国青年报》刊登过一篇文章，其中有这样一段话："我最大的愿望就是下学期不再当班主任了！只要不做班主任，叫我干什么都行。"《中国教育报》做过一次调查，90%的教师认为班主任工作很重要，但是90%的教师却不愿再当班主任。

班主任的心态好吗？快乐吗？事实上，有很多班主任都会出现职业的倦怠。大家都说："为什么当班主任如此累？"其实班主任不但身累，心也累。

我国著名艺术家赵本山也累，上台前还发烧，但他累并快乐着。再看失去双臂的刘伟，从小就得照顾瘫痪妈妈的孟佩杰，还有在四川地震中失去双脚的廖智，在我们眼里，他们是多么的艰难，但他们的脸上依然阳光灿烂！他们是身累，心不累！

生命的质量取决于每天的心态！职业的倦怠、烦恼来自班主任的心态。班主任的心里充满阳光，那他们的生活就会阳光灿烂。

一、关于心态的实验

有人说"心态决定命运"，有人说"心态决定幸福"，更有人说"心态决定一切"，那究竟心态有多大的力量呢？

我们来看看"九人过桥"的实验吧。

一位教授指挥九个人过一座小桥，他说："千万别掉下去。不过掉下去也没关系，下面就是一点水。"九个人"唰"一下就过去了。这时，教授打开了一盏灯，透过灯，九个人看到桥底下不仅有一点水，还有几条张大嘴巴的鳄鱼。教授问："现在你们谁敢走回来吗？"这时，谁也不敢！

教授说："你们试着用心理暗示，想象自己走在坚固的铁桥上。"但只有三个人敢尝试——第一个人颤颤巍巍，走的时间多花了一倍；第二个人走了一半就吓得趴在桥上；第三个人才走了三步就再也不走了。

教授打开所有的灯，大家这才发现，在桥和鳄鱼之间还有一层结实的网。这时，大家都不怕了，九个人哗啦哗啦就走过了桥。

这个实验告诉我们什么呢？心态影响人的能力。

看来，心态的力量超乎想象！心态的力量真是无法估量。心态好，生理健康，能力强；心态不好，生理不健康，能力差。心态不是人生的全部，却能左右人生的全部。心态好，什么都好。心态不好，一切都乱了！所以，一个健全的心态比一百种智慧更有力量！

二、接受与适应

新时代的教育赋予班主任更多新的使命。班主任在班级管理中要扮演的角色越来越多，班主任是"保安"，保护孩子们的安全是其首要任务；班主任是"消防员"，哪里有火就去哪里灭；班主任是"医生"，特别是自2020年新冠疫情暴发以来，班主任每天测温、上报，是十足的"医生"；班主任是"情感导师"，孩子们的情感问题需要班主任疏导；班主任是"心理辅导师"，孩子们的情绪问题需要班主任了解、识别，并及时疏导；班主任是"接线生"，家长们经常让班主任转达信息；班主任是"淘宝员"，班服、班级用品需要班主任上网淘；班主任更是"设计师"，还是最高端的设计师，班级的精神凝练、班级的环境设计需要班主任；班主任是社会工作者，医保、社保等工作的信息采集、上传等大量工作需要班主任完成；班主任是生活管理者，需要负责看管孩子的午休……

时代的变迁赋予班主任多重身份，这是班主任的使命。既然我们不能改变，那我们就学习接受、适应。只要我们调整好心态，就能愉快地做好班主任的工作。

三、比出幸福

（一）我们班的孩子

在办公室，老师们总会聊起学生，喜欢吐槽他们。新接一个班级，一个月下来，老师们就开始吐槽了。

一位老师说："哎，看我们班的练习达到优秀的才二十几个，良好的七八个，刚及格的还有好几个；你看你们班只有四个良好，其他都是优秀。"

"还说，瞧瞧我们班，及格的就有八九个。"另一位老师话音刚落就笑起来，接着说，"上一届我们班还有待及格的，想想，现在虽然有九个刚及格，但没有待及格呀！哈哈哈，还挺开心的！"

"哈哈哈……那也是！嗯，对！我要想想办法，让刚及格的几个孩子朝良好迈进！加油！"

看，老师心情好，不仅做事特别积极，也显得有智慧。

很多人都说，幸福是比出来的。那我们要跟谁比呢？总跟比你优秀的人和事比，你永远都得不到幸福。那为什么不跟差一点的比一下呢?《增广贤文》中说道:"别人骑马我骑驴,仔细思量我不如,待我回头看,还有挑脚汉。"

(二)海岛的故事

有一个朋友的孩子参军入伍,被分配到一个海岛。刚到海岛,孩子每天都会兴奋地发来语音,告诉父母大海多么大,天空多么蓝,天上的海鸥多么有趣。说那里就是他梦中的天堂。

可是过了一个星期,孩子就不再说了。父母问他怎么了,孩子说,那里的大海还是无边无际的,天空还是瓦蓝瓦蓝的,天上飞着的那几只海鸥似乎还是那几只,甚至每天飘过的云都是差不多的,生活很乏味。他还说,在海岛很少见到人,现在就算见到一只小动物,他都会目不转睛地看,因为海岛上太孤单了。

跟这些坚守在祖国边疆的战士相比,我们教师的工作苦吗?比一比,真能比出幸福!

四、换个角度看

(一)我们学校

有时我们换个角度思考问题,就能拥有一个好心态。我们学校是当地比较有名的一所学校,承担的任务多,要求高,压力大。曾经有些领导对他们学校的老师戏说:"如果你们觉得工作忙的话,就把你调到×××小学去,让你知道什么叫忙!什么叫压力!"虽然是戏话,但足以看到我们学校工作量之大。看,如果我们每天都觉得忙死啦,累死啦!我们还能活吗?但如果我们换个角度想:工作多,我们就得想办法,做事要有条理,要提高效率;学校要求高,我们就会用高标准要求自己,这样我们不进步都不可能!

有时压力会变成动力。就像我,毕业的第四年,我从一所农村学校来到现在的学校——第一批的省一级学校。那时，我真的是手忙脚乱。要知道当时的我是个不会计划，想起什么做什么，看到别人做什么我才做什么的人。但是随着工作越来越多，我的工作方式必须改变，必须学习做计划。于是，我开始不断地向有经验的同事学习，学习制订计划，学习整合工作，学习需要学习的一切。2016年，我成为广州市中小学的名班主任工作室主持人，除了要兼顾市、区、镇以及学校的班主任工作以外，当然我还是一名语文老师。面对这么多的工作，我从手忙脚乱到有条不紊，从忙做到巧做。这都是因为我会换一个角度去看，有个好的心态，将压力转化成成长的动力。

所以，新的年轻老师到我们学校，我总会跟他们说："你们真幸运，来到我们学校。在我们学校做得好，你到哪里都没问题！"事实是我们学校这么多年，培养了一批又一批领导和优秀的教师就足以说明这一点。瞧，只要我们往好的地方想，眼里的坏事往往会变成好事。

（二）调皮的孩子

最让班主任烦恼的一定是那些调皮的孩子，但你们有没有发现，正是那些调皮的孩子会促使你不再墨守成规；正是那些调皮的孩子促使你在教育的道路上不断前行；也正是那些调皮的孩子促使你不断反思教育方式，不断学习提升专业技能。

前些年，我任教的几个班级的学生都比较有个性。跟我搭班的老师在刚开始的时候都会向我诉苦："黄老师，你看，别班的孩子都乖乖地站，静静地坐。而我们班的孩子，我说一句，他们说十句；我让他们坐，他们说：'我喜欢站，我不会坐！'"每次听到他们的"投诉"，我都会笑着说："你换个角度想想，第一，孩子起步低，只要有一些效果就很容易看得到；第二，孩子调皮，我们需要不断想办法，那今后我们一定比别人更有办法；第三，调皮的孩子往往思维比较灵活；第四，教调皮的孩子特别有挑战性，收获常常是你意想不到的。总之，我们的进步空间大，面对这些个性十足的孩子，就要每天想办法跟他们斗智斗勇，久而久之，我们的教学经验就多，就长智慧。教其他班可能会舒服点，但是绝对没教我们班有挑战性。"事实也是这样，每个跟我一起搭班的老师都进步特别快，有管理智慧。而且很多老师没过几年就不在一起搭档了，因为他们都成了骨干，甚至有的已经走上学校的行政管理岗位。

瞧，看似不好的事情，只要我们换一个角度去看，换一种态度去面对，结果就完全不一样了。

五、享受过程

我们的工作并不是一定要达到一个什么远大的目标或理想，有时就是享受那个过程。

有这样一个故事。

有一个年轻人看破了红尘，每天啥也不干，只是懒洋洋地坐在树底下晒太阳。智者问："年轻人，这么大好的时光，你怎么不去赚钱？"年轻人说："没意思，赚了钱还得花没。"智者问："你怎么不结婚？"年轻人说："没劲，弄不好还得离婚。"智者说："你怎么不交朋友？"年轻人说："没意思，交了朋友弄不好会反目成仇。"智者给年轻人一根绳子说："干脆你上吊吧，反正也得死，还不如现在死了算了。"年轻人说："我可不想死。"智者说："生命是一个过程，不是一个结果。"年轻人恍然醒悟。这就叫"一言惊醒梦中人"。

就如我们出去旅游，其实跟谁去比去哪里更重要。多年以后，大家聚在一起说得最多的也是旅游途中的趣事——在旅游途中一起推车，一起采果子，一起漂流，一起喂海鸥，等等。不难看出，大家更享受的是旅游的过程。去过西藏、四川的人都知道，那边经常修路。一修路，就算是救护车也不能过。路一修就几个小时、半天，有时甚至一天。记得在2020年我们经过四川的二郎山隧道的时候，就被堵在那里10个多小时。那时，我们就在那里看风景、玩游戏，一晃10个小时过去，我们却还没玩够。其实旅游就是和家人、朋友一起看日出日落，看花开花落，一起享受旅游的一切！无论到哪里，我们在乎的是那份轻松，那份闲情，那种妙不可言的感觉。

苏轼也说过，人生如逆旅，我亦是行人。如果我们工作时也享受过程，那工作也会有无穷的乐趣！带着享受过程的阔达心境，其实工作也是美妙的！

一年级孩子什么都不懂，有的甚至连笔都不会握。老师就得握着他们的手一笔一画地写，那过程虽然很累但很奇妙！孩子一天一个样，他们学得很快。看着他们一点一点变化，一点一点进步，一点一点长大，这过程难道不值得享受吗？

六、学会爱自己

作为一名人民教师，只有在教育教学工作中努力做到"敬业、精业、乐业"，认真践行师德师风建设的承诺，更好地履行教书育人的职责，才能成为一名合格的教师。但做一名只会教书，不会生活的老师是不被提倡的。老师应该在照亮别人的同时，也照亮自己。

（一）悦纳自己

爱自己，首先要让自己开心——悦纳自己。老师在忙着发现孩子的闪光点的同时，也别忘了发现自己的闪光点。想想自己的长处，就会特别开心！另外，发现让自己快乐的时光，要想办法增加它，如去打打球、逛逛街、骑骑车……发现让自己不快乐的时光，要尽量减少它，如生气、责怪、埋怨……

（二）善待自己

善待自己就是善待别人。英国著名解剖学家约翰·麦克劳德（John Maclead）小时候不仅顽皮，而且不时有惊人的举动。有一次，他突然萌发想看看狗的内脏是个什么样子的念头。于是，他和几个小伙伴偷了一条狗，宰杀后开膛一件件地观察狗的内脏。这狗是校长的宠物。事后，校长给了他重重的"惩罚"——让他画一张狗的骨骼结构图和一张狗的血液循环图。麦克劳德知道自己难逃责任，只有认真地将图画好交给校长。校长看后很满意，决定不再追究"杀狗事件"。

相信校长一定知道善待自己就是善待别人！即使大动肝火，狗也不会回来。校长的处理是理智的、宽容的，也是成功的。成功之处就在于，他没有对犯错误的学生呵斥、批评，甚至体罚，却用智慧的"惩罚"，造就了一个诺贝尔奖获得者。

其实，教育孩子不能急，你一急，会急坏自己，也就不能用正常的心态面对孩子的问题，更会急怕学生，结果只会两败俱伤！社会上不时出现学生伤害自己、老师伤害学生的事件，就是因为老师急于解决问题，没有理智处理造成的。

十年树木，百年树人。教育孩子并不是一天两天的事，老师首先要静下心来了解孩子，再去教育孩子。特别是教育小学生，需要更多时间。有时过一段时间，孩子各方面就好起来了。

（三）爱惜自己

关注自己的身体，有病就看医生，不要病了也不休息。身体是我们的革命本钱，让自己身体健康是我们的首要任务！要懂得生活，该去放松就去放松。我们不要做除了上课其他都不懂的老师。关爱家人，教育好自己的孩子。只顾别人的孩子而不顾自己的孩子，那不叫伟大。

（四）改变自己

从前，有一位国王到乡间旅行，因为路面有很多碎石头，刺得他的脚板又痛又麻。回到王宫后，他下了一道命令：将国内的所有道路都铺上一层牛皮。他认为这样做，不只是为自己，还可造福他的人民，让大家走路时不再受刺痛之苦。但即使杀尽国内所有的牛，也没有收集到足够的皮革，而所花费的金钱、动用的人力，更不知多少了。虽然大家认为这道命令根本做不到，甚至还相当愚蠢，但因为是国王的命令，大家也只能摇头叹息。

一位聪明的仆人大胆向国王提出建言："国王啊！为什么您要劳师动众，牺牲那么多头牛，花费那么多金钱呢？您何不用两小片牛皮包住您的脚呢？"国王听了很惊讶，但也马上领悟了，于是立刻收回成命，采纳这个建议。据说，这就是"皮鞋"的由来。

我们想改变世界，很难；要改变自己，则较为容易。与其改变世界，不如改变自己。当自己改变后，眼中的世界自然也就跟着改变了。如果你希望看到世界改变，那么第一个必须改变的就是自己。教育学生也是同样的道理。这种方法行不通，我们就用别的方法！这个办法有点慢，我们就尝试新的法子。

（五）充实自己

想要有源源不断的法子，就得经常充实自己。"活到老，学到老"，这话一点都没错！坚持阅读名家论著，多看有启发意义的小故事，这会让我们教育孩子更有说服力。

学会照顾自己，学会生活，我们的生活就会充满阳光。生活是一面镜子，你对它笑，它就对你笑；你对它哭，它也对你哭。用好的心情和态度去看世界，你会发现世界原来是如此美好，而你的世界也会随之改变。

七、工作有计划

平时，我们总觉得有千头万绪的事情要做，但就是不知道从何下手。久而久之，事情越积越多，就更加束手无策了。所以，我们要制订一个合理的工作计划。当我们明确了这周要完成哪些任务，今天要完成什么任务，明天要完成什么任务，并在本子上记录下来，完成就划掉，这样做事就不会乱，更不会烦，效率就会提高。

八、常反思，多思考

曾子曰："吾日三省吾身……"趁清晨赖床的时候，想想昨天的失误和今天的要事。午睡时，想想今天工作中碰到的难题，检查一下自己的做法。晚上睡觉前，总结自己今天的收获，问问自己是不是还可以做得更好。每天给自己一点安静反省的时间，让自己的思考更谨慎、更深入，对教训也铭记得更深刻，这也是在修炼自己的品格。人的品格得到修炼，心态自然就好起来了。

九、不忘初心

听听这个小故事。

有一次，有一个人要在客厅里挂一幅画，请邻居来帮忙，画已经在墙上扶好，正准备钉钉子。邻居说："这样不好，最好钉两个木块，把画挂上面。"那人遵从邻居的意见，让邻居帮着找木块来锯。刚锯两三下，邻居说："不行，这锯不快了，得磨一磨。"

邻居家有一把锉刀。于是，邻居丢下锯去拿锉刀。锉刀拿来了，邻居又发现使用锉刀之前，必须给锉刀安个把柄。为了给锉刀安把柄，邻居拿起斧头去校园边的灌木丛寻找小树。在要砍树时，邻居又发现那把生满锈的斧头实在是不能用，必须磨一下。

磨刀石找来后，邻居又发现，要磨快那把老斧头，得把磨刀石固定好，所以必须制作固定磨刀石的木料。为此，邻居又打算到外面去找一位木匠，据说木匠家有一现成的。然而，邻居这一走，就再也没见他回来。当然，那幅画最后还是那个人自己一边一个钉子把它挂在了墙上。等那人下午再见到邻居的时候，是在街上，他正在帮木匠从五金交化商店里往外抬一台笨重的电锯。

有时我们也会这样，忘记自己最初的目标。我们在看待一些学生做得不对时有时会生气，一生气，就将他以前所有的不对都想起来，然后批评一大堆，结果学生只能低下头接受批评。在这个过程中不要说学生，连老师自己也会忘记原本想要说啥了，只知道很气！因此，我们不要忘记我们的目的是要教育孩子，引导孩子，而不是为了生气。

佛说："物随心转，境由心造，烦恼皆由心生。"英国作家查尔斯·狄更斯（Charles Dickens）说："一个健全的心态比一百种智慧更有力量。"

接 纳

接纳，是一种人生智慧，也是一种教育智慧。孩子们来自不同的区域、不同的家庭。他们的家长各不相同，从小接受的教育也不一样……每个孩子都是独特的个体，无论他们呈现出什么状态，我们老师都需要无条件接纳他们。只有这样，老师才能心平气和地教育、引导孩子，才能静下心来想办法。

一、糟糕，他来了你们班

现在，很多老师常常吐槽班上的孩子怎样顽劣，嫌弃那些"特别"的孩子。那一年我任教一年级，在第一次看到学生名单的时候，就听见旁边的同事惊叫起来："糟糕！这个孩子在你班上！"

我好奇地问："何方神圣，有那么夸张吗？"

"当然，我听我的一个当幼儿教师的朋友说，这孩子很顽皮。关键是他的家长特别古怪，总看着老师上课。幼儿园的老师都很害怕他。"

果然，第一天见到孩子，我就发现他活泼好动，而且总是站着，站着上课，站着画画。我跟他说上课要求，他说自己就喜欢站着，他在幼儿园都是这样的。接着我察觉到什么，猛然抬起头，看见一个魁梧的身影——传说中古怪的孩子爸爸。孩子爸爸向我点点头，就继续盯着自己的孩子。这时，孩子应该也感觉到爸爸的存在，不知怎么就坐下来了。

好奇怪的父与子，难道孩子爸爸真的六年都要来看着孩子上课吗？我觉得这其中一定有什么原因。放学后，我找来孩子的爸爸了解情况。孩子爸爸说，孩子从小就顽皮好动，为了让孩子在课堂上安静点，不影响其他同学上课，爸爸就经常站在教室的窗户边看孩子上课。原来，他并不是传说的古怪，而是想帮孩子、帮老师，希望这么做可以少给老师添麻烦。看来，是幼儿园的老师没有了解清楚情况，更没有接纳这个特殊的情况。

知道这事以后，我就跟孩子的爸爸说："您的情况我知道了。但您的方法并不能真正帮助孩子，协助老师。如果孩子看到您才能安静上课的话，孩子永远都长不大。请您相信我，我会有办法教育好孩子的。如果您实在不放心，可以先尝试离远一点。什么时候您感到放心了，就可以不用来了。"家长听到我的话，有点不好意思。不过第二天，他的确离窗户远了些。一个星期以后，他就没来了。

教育孩子，我当然有方法：坐下来奖励一朵小红花，安静上课奖励一个小拥抱，举手发言奖励小组加分……孩子很快适应了学校的生活，学习成绩也很不错。

当我们接纳了这一切，就能心平气和地想办法引导、教育，教育的智慧就有啦！

二、让他回家吃吧

从来没想过，做小学老师要教孩子吃早餐，而且这件事占据了我很多的时间。刚踏进小学的孩子对学校的一切都很好奇，包括学校的早餐。看着每个孩子大口大口地吃着早餐，我心里感到特别满足。哦，不对，不是每一个孩子，我的目光锁定在一个孩子身上。那天，我见他手上拿着酥皮面包，嘴里含着一口面包，但似乎没有动过。我走过去摸摸他的头说："孩子，面包好吃吗？"孩子一愣，回过神来说："好吃！"说完，嘴巴动了起来，一副很享受的样子。"那你快点吃啊！"我说。

但过了一会儿，我发现那个孩子又在发呆了。没办法，快上课了，我只好在他身边站着，不停地催促他，好不容易让他吃完了早餐。我当时就想，这孩子应该是不习惯学校的生活吧，我要多留意这个孩子。结果一周下来，孩子都是那个状态，你光催促也不见效，一定要在他旁边站着不停地催促，他才能把早餐吃完。

我向孩子的家长了解到，原来孩子从小做事就慢，吃饭更是一件艰难的事。在幼儿园三年，老师也很头疼孩子吃饭的事情，有时怕孩子吃不饱，干脆就喂他了。同事们听了，纷纷建议道："上小学也不能独立吃早餐，怎么可以这样？让孩子在家吃完再上学吧。"

我说："上小学也不能独立吃早餐我真是第一次遇到，但是他的的确确是存在的，我们不能因为他特殊就把他拒之门外。我得想想办法，教孩子吃早餐！"

第一天，我跟孩子面对面，来了个吃早餐比赛。他一口，我一口，有我的带动，孩子吃早餐专心了很多，也不需要很多催促。我马上把经验告诉家长，并提醒他们，不要不停催促孩子，不然没有人催促孩子就不会做事了。那段时间，我天天想各种各样的办法教孩子吃早餐。同事都在笑我，说我像幼儿园的保育员。哈哈哈……但不要紧，因为在这个过程中，我又有了新的收获。存在即合理，我们得接受一切，因为只有接纳，才能让我们平心静气地引导与教育。

15

三、睡觉也要教

如果说孩子吃早餐要教让人意想不到，那睡觉也要教更不可思议。但这一切都是实实在在存在的。既然存在就需要我们完全接纳，并以正确的心态去面对，想办法帮助孩子成长。

记得我教过一个小男孩，平时活泼好动，喜欢说，喜欢笑。但是每天早上，他却是最后一个进教室，而且总皱着眉头、眯着眼睛走进来，坐下来动不动就发脾气，跟平时的他大不一样。我与他的家长沟通，家长说他每天晚上都很晚睡觉，所以每天早上都起不来。

我问："孩子每天几点睡？"

小男孩妈妈说："孩子自出生以来基本都是到凌晨才睡的。"

小学生凌晨才睡觉？这真打破了我的认知！

我说："孩子从小就这样？你们知道睡眠对孩子有多重要吗？你们有没有想过办法调整孩子的睡眠时间呢？"

"睡觉也要教吗？那不是天生的吗？睡觉有那么重要吗？我不知道啊！我和他爸都是搞设计的，我们习惯很晚才睡觉。所以孩子自出生就跟我们一样很晚睡觉，我觉得没什么问题。就是现在要早起上学，他就没办法起来，而且起来后动不动就发脾气。"

小男孩的妈妈是个性格直爽的人，她从来没有想过孩子的脾气会跟睡眠有关，因此也没有探究过孩子的健康与睡眠的关系。我耐心地给她解释了睡眠对孩子的影响，并请她有空找相关的书籍看看。接下来，我就引导她调整孩子的睡眠时间。因为孩子的"生物钟"已经形成六年多，所以只能慢慢来。我建议她每天晚上9点左右，家里的活动就尽量停止，然后将家里的灯关掉，陪孩子一起上床，给孩子讲故事，哄孩子睡觉，就算有工作，也尽量等孩子睡着了再做。同时我告诉她，开始的时候，孩子可能比较难入睡，但也要到床上看看书，讲讲故事，创设良好的睡眠环境。

那段时间，我每天与这位妈妈沟通，跟她交流孩子睡觉的情况。开始的时候孩子很不适应，但慢慢地，孩子就能在10点左右睡觉了。

四、报名的那些事

现在很多事情都在网上进行，小学一年级的报名也不例外。六年前的一个晚上，我突然收到父亲生前好友的求助电话。电话那头是一位70多岁的老人家，因为儿子和儿媳妇常年在外，孙子平时都是他在照看，眼下孙子读书要在网上报名，还要填信息后发到指定的邮箱。那些名词他也说不清，他只知道如果今天不能完成，孙女就没办法上小学了。在电话的这头，我能感受到老人家的那份焦急。我说："有别的方法吗？"老人家带着哭腔说："老师说没有，很简单，让我们自己处理。"

听老人家这么一说，我赶紧问了老师的电话打了过去。老师说这项工作已经布置好久了，事情很简单，但是他们家一直没做，现在就差他们了。言语间，老师一直在责怪老人家没按要求报名。后来我从老师那了解清楚报名的程序，帮他们报了名。对于我们来说，事情的确很简单，填个表格，发到指定的邮箱。但是对于一个70多岁连电脑都不会开的老人家来说，那是天大的事情啊！把信息表发过去以后，我不由得深思，我们面对的人千千万万，每个人都不一样，就会有千千万万种不一样的事情出现。这些事情可能是我们不能理解的，可能在我们眼里是不可思议的，但就是确确实实存在。我们不能因为这些事情和人的特殊性而不接纳他们，不去帮助他们。我相信，这位老师也不是不近人情，他只是不接纳现在还有不会填表、不会发邮箱的

17

事情。如果他接纳了这件事情，让老人家提供信息，老师帮忙填写和发送，事情就解决了。

五、他们怎么会这样

"现在的学生真是不可理喻！你让他们去东，他们偏要向西，不懂什么叫尊重，就知道怎样跟你唱反调……哎！现在做班主任真难！"跟我吐槽的是一位很有经验的班主任。记得20多年前，她已经是一位有名的老师，我一直都很崇拜她。

我坐下来，细细听她诉说。原来，她新接了一个班，这个班的学生跟她以往带的班很不一样。她几十年如一日地认真备课，在课堂上会把自己所知毫无保留地传授给学生们，所以她会讲得特别详细，生怕有遗漏。但是没等她说几句，学生们就开始有小动作。她是个特别一丝不苟的人，于是就停下来批评学生不尊重老师。等她继续讲的时候，其他学生又开始动，于是她再次停下来训斥。一晃下课时间到了，可是课只讲了一半，着急教学进度的她只好占用下课时间继续讲。为此学生们怨声载道，班干部也给她提意见。她又生气地批评班干部不懂事，没带好头。现在，学生上课根本就不听课。上课一条虫，下课一条龙，课间追逐的现象屡禁不止，哪怕老师每天见家长。

听她说，那应该是一群个性十足的学生。我问："家长帮不上忙吗？"她一听到家长，声音提高了一倍，说："有怎样的家长就有怎样的孩子！这是我接触过最不可理喻的家长！"

"怎么不可理喻呢？"我奇怪地问。她气愤地说："你都不知道，家长们虽然文化水平高，但是思想很奇怪。你告诉他孩子上课不听课，作业做得不认真，请家长回去教育。家长居然跟我说，孩子以前不是这样的，可能孩子不喜欢老师的教法，老师能不能改变一下教法。我教了30多年的书，居然要家长来教我怎样做！我需要他们教吗？不教孩子，反而来教我，怪不得孩子没办法教……"

要知道这位老师每天最早回到班级，无论是班务还是教务，她都特别认真地去做。她每天都盯着这个，批评那个，但学生还真是依然故我。她一直跟我说："以前的学生你教他们，他们就会听，不听话的讲讲道理或者批评几句，他们就听了，再不然见见家长，他们就会改正。但是现在连家长都不听你的，还反过来教你怎么做。我真不想再教这个班了，不想再与不可理喻的家长沟通了。"

我说："孩子变了，家长也变了，那我们是不是也应该改变了？""哪有这样的道理，学生就应该听老师的话，家长更应该配合老师教育孩子，哪有现在这样的！"无论我怎么说，这位老师都觉得不能接受她的学生与家长。

看着昔日的偶像，我不禁陷入沉思。时代在发展，社会在进步，人的思想行为也随之变化，这需要我们教师与时俱进。教师应当转变观念，与时代接轨，正确认识我们的学生与家长，接纳每一个人每一件事。这样才能心平气和地了解他们，理解他们的行为，做他们人生的引路人。

六、老师，你不能这么说

我教过一个聪明的小男孩，认真的时候字写得挺漂亮的，但做作业却经常马虎潦草，需要不停地提醒教育。有一段时间，他的作业实在太马虎了，很多阅读的问答题随便写个"是"或"不是"就算完成了。我批评教育了好几次，他还是那样子。那天下午放学，我告知他妈妈，我要把他留下，让他认真修改完作业再走。到了5点30分的时候，我的电话响了，是孩子爸爸的电话，电话那头很着急，他说：

"老师，孩子怎么了？现在还没回家？"我说："因为孩子最近不认真做作业，态度马虎，所以我就留下孩子让他把字写好再走……"没想到，我的话还没说完，孩子爸爸就打断了我的话，说："老师，你说孩子不认真做作业可以，但不能说他态度马虎！"我一听这话，蒙了。"孩子明明就是学习不认真了，阅读题就用'是'或者'不是'来回答，他的态度实在太马虎了。"电话那头很不满地说："老师，你说他不认真做作业是事实，但是说他态度马虎，那样孩子自尊心会受伤害的，所以你不能这样说他！"听了家长的话，我心里感到很委屈，明明就是不认真，为什么不能这样说呢？

但电话那头就是不能接受。可继续这样争下去有意思吗？想到这，我好奇地问："那我应该怎么说呢？"孩子爸爸说："你可以批评他不认真做作业，你可以告诉他，他可以写得更好看。孩子成长需要多给他鼓励，不能动不动就说他态度马虎。"孩子爸爸似乎在给我上课，但我知道他也是为了孩子。我说："好的。以后我会注意的。"

听我这样说，电话那头的声音柔和了很多，说："老师，很抱歉。我比较忙，孩子的学习主要是由妈妈负责跟进。听您刚才一说，我也感到很不好意思，确实是我们家长做得不够。以后，我尽量抽时间引导孩子。老师，请放心，我们会努力的，相信孩子能做得更好些。"

放下电话，我很庆幸没有继续跟他争执下去，因为我接纳了他的建议，才有了后来的合作。接下来，我和孩子爸爸经常沟通孩子教育的方式、方法，孩子也在慢慢进步。

我们老师只有无条件接纳孩子，无条件接纳家长，才能静下心来去探索、去发现、去总结，才能得到成长。因为在接纳中就包含着真正的育人智慧。

了 解

我国著名儿童教育家陈鹤琴先生说过:"首先要了解儿童心理,认识儿童,才能谈到教育儿童,这是'活的教育'。"因此,了解孩子的内心,懂得孩子真正的需求,才能教育孩子。

如何了解孩子?中医中有"望闻问切"。其实我们老师也应该有这样的本领,通过"望、闻、问、切"来深入了解孩子。

一、"望"——留心观察学生言行

典故《扁鹊治病》中讲名医扁鹊通过"望"诊,判断蔡桓公的病情及其恶化趋势,并善意地提出了相应的诊疗措施,可惜蔡桓公讳疾忌医,多次错失了医治的良机,以至病入膏肓,不可救药。一位高明而又有责任心的老师,也应该具备这种"望"的本领,留心观察学生的神色、表情、言谈举止,去发现其中的教育契机。

(一)跳蚤市场

开学初,学校举行跳蚤市场活动,孩子们都很兴奋。我们三年级第一次参与分组、找货源、卖东西。离活动还有三天的时间,孩子们忙着做最后的工作——贴标签后分类装袋子,课室热闹非凡。这时,我发现一个孩子坐在自己的座位上一动不动,直勾勾地看着我。我问他，他不回答。我叫他去帮忙，他也不动。这孩子平时很倔强，有困难也不说，只会自己生气。我看着他，好想从他的脸上看出什么来。他还是直勾勾地看着我，眼神似乎很委屈，有点失落。这时，我突然想起，在微信朋友圈看到他妈妈最近去西藏了，他一定是找不到东西来卖，而以他好胜的性格一定不会找人帮忙的。想到这，我赶紧走过去，抱着他说："老师那里有些东西，你可以帮我拿到跳蚤市场去卖吗？"他点了点头，于是我把我平时准备奖励给孩子们的一些铅笔、本子、尺子拿给他，他就笑了。一眨眼，他就跑到他们组里和同学一起贴标签了。后来跟他的家长沟通，果然如此。

看，班主任往往用"望"就可以发现、帮助、成就一个又一个孩子。我们很需要练就一双慧眼，运用"望"这个本领，不断去寻找、发现学生身上的闪光点，从而挖掘出教育的契机。

（二）鹅卵石磨出来的伤口

一天下午，我看见班上的一个小女孩一瘸一拐地走进教室。我连忙走过去扶她。我发现她的膝盖掉了一层皮，问她是怎么弄的，女孩躲躲闪闪地说没事，只是不小心摔倒而已。膝盖掉皮都说没事，还不让我看。我越看越觉得不对劲。我再三询问孩子，孩子都说没事。

我找她的几个好朋友打算问个究竟。再三追问之下，孩子们才说实话。原来，孩子膝盖上的伤是她自己跪在学校小公园的鹅卵石上磨出来的。我听了都觉得吓人，女孩为什么会这样呢？原来这孩子从一年级开始就在学校的游泳俱乐部学游泳，每天放学就开始游，一直到傍晚6点30分才回家。到了三年级，多了一门英语，她觉得有点应付不过来，就不想游了。于是她向妈妈提出不参加游泳了。但每次妈妈总鼓励她说："宝贝，我们要学会坚持，我们再坚持一下，好不好？"看到妈妈不同意，她就不再说了。有一次她的膝盖受伤了，教练说不能游，怕伤口感染。那次以后，她发现只要身体受伤了，就可以不用游泳。于是她就想到跪在鹅卵石上磨这个办法。第一天只磨了一点点，因为实在太痛了。但教练说只是一点点的伤，不要紧，还可以继续游。到我发现的那一天，已经是她第二次磨了，结果磨掉一块皮。孩子有时解决问题的方式是我们成人没办法想象的。所以，有时间多与孩子们在一起，留意他们在说什么、看什么、玩什么，你就会发现很多教育的契机。

（三）暴力倾向的女孩

几年前我教一年级的时候，班里有一个白白净净的女孩子，长得斯斯文文的，但同学们都害怕她，因为她从上学的第一天起就经常打同学。开学几天，有关她的"投诉"不断，同学都说她动手打人。我找她问，每次她都会站得直直的，低下头说："老师，对不起，是我不对，我保证以后不会这样。"看她的态度这么诚恳，我也没再批评她。可是过了一会儿，同学又来"投诉"了。找她来，她还是那样主动承认错误，可一会儿又依然故我。我当时真有点不明白，这孩子究竟怎么啦？于是我搬来一张椅子，坐在教室里面，默默观察，看她是怎样打人的。结果我发现，只要有人说她的不是，或者她感觉到可能有人会碰到她，她就会一巴掌打过去，样子好凶。我走过去，牵着她的手让她坐在我的身旁，她一如既往地站起来主动承认错误，并保证以后不打人。我摸着她的头让她坐下，这时候，我发现她白乎乎的手和脚有很多大大小小的疤痕，好扎眼睛。

我问："你怎么有那么多疤痕呢？"

她说："那都是妈妈拧的。"

"妈妈拧的？不可能吧？"我说。

"是真的，因为我平时调皮，所以每次回家妈妈都会揍我、打我、拧我。"听到孩子的话,我的心很痛。这么小的孩子,妈妈怎么能这样呢?这究竟是怎么回事呢?我给孩子妈妈打了个电话,电话那头还没听完我的话就说:"老师,我也奇怪,你怎么这么迟才来找我。我现在马上到学校来跟您说,好吗?"

好奇怪的家长呀!

过了十几分钟,孩子的爸爸妈妈就到了学校。妈妈一见到我,就说:"老师,你不找我,我也要来找您了。我的孩子有暴力倾向。教育她的时候,您不要客气的。"

我连忙说:"您别着急,坐下来慢慢说。一个6岁多的孩子,怎么就有暴力倾向呢?"

没想到妈妈更着急了,说:"老师,你不知道我的孩子从小有暴力倾向!上幼儿园的时候她就经常打人,其实我们家长从来不纵容她,每一次她打人,回到家我一定会揍她、拧她。但她就是不改!"

听妈妈这么一说,我心里顿时明白了。

"您有没有发现,孩子跟您很像?"我问。

妈妈想了想,说:"大家都说我的孩子跟我长得很像的。"

"您有没有发现,除了样子,孩子与您还有更相像的地方?"我问。

"除了样子,我跟她没有什么像的。特别是性格,我斯斯文文的,从不暴力。但不知为什么我的女儿居然会有暴力倾向!"

"您细心想想,您与女儿的相处方式是怎样的?您女儿跟同伴的相处方式怎样的?像不像?"

孩子妈妈一脸漠然。过了一会儿,孩子爸爸开口了:"像!有点像!"妈妈也点了点头。

我说:"不是有点像,而是一模一样!你们想想,孩子做错事的时候，您就揍她、拧她。孩子跟同伴交往的时候，只要觉得同伴有可能威胁到自己或者做她不喜欢的事情，她就马上动手了。其实孩子是学着您，用您跟她的相处方式去跟别人相处。"

孩子妈妈听了，低下头沉默了很久，说："老师，的确是这样。但我们该怎么教育啊？难道就不管吗？"

我说："孩子动手打人，我们更需要言传身教去教育孩子，告诉她动手不能解决问题。要解决根本问题，就得想办法帮助孩子，而不是惩罚孩子。"接下来的时间，我与家长密切沟通，与家长一起商讨引导孩子的对策。两个月后，孩子打人的行为基本就没有了。

多看看孩子，一定能找到教育的契机。所以，老师平时要看看孩子们究竟在干什么，听听他们在说什么，问问他们在想什么，感受一下他们的世界，你会发现不一样的世界，不同的天空。

（四）踢桌子的男孩

广州的夏天特别闷热，教室外面的树上知了吱吱地叫。我在教室里也能感受到外面的燥热，再加上听到碰撞桌子的声音，着实令人感到烦躁。循声望去，发现声音是从一个男孩的座位下传来。我走过去提醒他不要踢桌子，男孩轻声"嗯"了一声，停住了脚。

但我刚转身，踢桌子的声音又响起了。我再次提醒，但是过一会儿，声音又响起来。

我知道，孩子这样做一定有他的原因。下课后，我走到男孩的旁边，轻声地问："孩子，你不舒服吗？"男孩抬头看看我，闷声闷气地说："没有。"我说："那你为什么会不停地踢桌子呢？你是身体不舒服还是心里不舒服呢？"男孩子嘟着嘴，大声地说："这么热，难道你会舒服吗？我就不舒服，我就不舒服！"说罢，又用脚踢了几下桌子。当时我真的呆住了，没想到会是这样的理由。孩子感到热就用踢桌子的方式来发泄，那他以后遇到更不顺心的事情，是不是会做出更过激的行为呢？

我摸摸孩子的头，说："孩子，天气热不舒服，是吗？"孩子生气地点头。

"那踢了桌子就舒服了吗？"

"没有！"

"那你踢桌子有什么好处吗？"

"我就烦躁，我就不舒服！"

"那踢了就舒服了吗？"

"没有。"

"你踢桌子会让别人舒服吗？"

"不会！别人听到这声音应该会感到不舒服的。"孩子的声音越来越低，说着说着就低下了头。我知道他有点不好意思了。

"那你有没有想过，有些办法能让自己舒服些，而且不会影响别人的？"

"没想过。"

"那我们一起来想想，好不好？"

接下来，我们俩就一起想，一起交流。能够与这个倔强、偏激的男孩愉悦地解决了这件事情，我觉得归功于我能深入了解原因，并接受他的理由。小男孩能感受到我接纳他，能感受到我的善意，他才愿意跟我交流，与我一起想办法。

二、"闻"——学会倾听学生心声

每个人都喜欢听好话，但"良药苦口利于病，忠言逆耳利于行"。特别是学生的真心话，更需要耐心听，细细品味，静心思考。

（一）我不想进步

一天放学后，我把班里一个孩子留了下来辅导当天的生字。正当他读到最后几个字的时候，我的电话响了。我听完电话后示意孩子读完剩下的生字。没想到，孩子抬起头对我说："我刚才已经读了。"我说："我刚才在听电话，没听到，请你再读一遍，不会的老师教你，好吗？"

"我刚才已经读了，我就不读。"孩子说。

看他的样子，继续强硬是不行了。我柔声说："你看，现在已经5点多了，老师下班了还留下来辅导你，挺累的，你赶快读了就回家吧。"

孩子抬头看着我，笑着说："你想不累，让我放学就可以了，老师！"

看他那嬉皮笑脸的样子，我耐着心继续说："孩子，老师是为你好，希望你进步。"

"我没想过要进步！"

……

无论我怎么说，孩子就是不读，我当时真是无语了！

让他放学吧，不可能！不让他走吧，他就是不读，也没办法。

这时候，我抬头看见讲台上有几颗我从北京带回来的小糖果，灵机一动："你一定是饿了。要不，你读完吃一颗糖就回家，怎样？"

孩子一听，哗啦啦就读完剩下了的几个生字，拿起糖果，背起书包，飞奔而去。看着孩子的背影，我不禁陷入沉思。孩子说得没错，我们老师一直在做一厢情愿的事。"单相思"——我们为了孩子，做很多事情，但是孩子不但不领情，还埋怨、对抗，这可真不好受。但我们经常做的都是吃力不讨好的事呀！怎样才能改变这个现象呢？

那就必须想办法让孩子们感受到我们对他们的爱，并与我们一起"相爱"。

比如留下来辅导的事吧。每次留下孩子，我首先会告诉他们为什么留下来，留下来干什么。如果能按要求完成任务，就可以得到"小奖章""小红花"等小奖励。后进的孩子受到表扬、获得奖励的机会不多，当得知留下辅导居然可以受到表扬，他们特别喜欢。甚至有些孩子说："老师，我的阅读差，你可以帮我辅导一下吗？"特别有意思！

"我不想进步！"突然听到这话的时候心里很不舒服，但是细细品味，发现孩子是在告诉我们做得不足的地方。孩子的童言童语值得我们耐心听。

（二）老师，请不要表扬我

古希腊哲学家苏格拉底（Socrates）说过，自然赋予我们人类一张嘴，两只耳朵，也就是要我们多听少说。他的话告诉我们要善于倾听。

苏联教育家苏霍姆林斯基（Сухомлиинский）曾告诫我们："时刻都不要忘记自己也曾是个孩子！"学生犯错了，作为老师，我们首先必须冷静下来，倾听学生的诉说，这样才有利于对症下药。

记得那一年，我任教五年级。有一天，在学校的走廊里，我们班的一个男孩走过来对我说："老师，请您不要在同学面前表扬我了，好吗？"

我一愣，说："为什么？"

"没什么，你可以表扬其他同学啊！"说完，男孩就走开了。

这孩子我带了五年，从小就很乖巧懂事，学习成绩好，我喜欢在同学面前表扬他。听他这样说，我也没有很在意，我想应该是孩子长大了，有点不好意思了。接下来的日子里，孩子做得好的时候，我就像往常一样表扬他。过了一段时间，我发现那孩子变了，变得上课爱说话，排队跟同学嬉闹。在课间，我找他聊，提醒他要注意遵守纪律。他不好意思地说，是自己一时忍不住，以后会注意的。临走前，他很认真地对我说："老师，请您记住不要在同学面前表扬我。"我真不明白，这孩子为什么反复强调这事。

接下来，我发现这孩子越来越管不住自己，不但上课跟同学说话，下课也跟几个调皮的孩子嬉闹，成绩也有所下降。究竟发生了什么事呢？我再次找到这个孩子。我记得很清楚，当时他把头埋得很低很低。我问他发生什么事，他只是摇头，不说话。最后，他小声地说："老师，我说了你也不会相信的。"我说："我一定相信，你说吧。"

"你知道吗？你总表扬我，我的好朋友都不愿意跟我玩了。所以，我就……"

孩子的话真是刷新了我的认知，这个理由我还真没听过。那孩子说，我经常在同学面前表扬他，有些同学就觉得在他面前没面子，慢慢就疏远他。所以他想请我不要总表扬他，结果没用。于是他自己想出一个办法，只要自己不守纪律，老师就不会表扬他，他的好朋友自然就会跟他玩了。

真没想到，受表扬也会被孤立！有时不静下来听孩子的心声，你怎么了解他们呢？

三、"问"——学会与学生有效沟通

现在老师的工作都很忙，很多老师与孩子沟通都是匆匆忙忙的。其实与孩子好好沟通，老师会发现很多教育的契机。

（一）5元钱的故事

我教过一个男孩，个性十足。在他读五年级的一个下午，我们班的一群孩子簇拥着他到我办公室"告状"。"老师，他捡了别人的钱不还。""老师，那钱是我的！""胡说，那钱明明是从A同学的裤兜里掉下来的，我们都可以做证。""对，我们可以做证！"从孩子的言语中，我弄明白了是怎么回事。原来，那天中午上学的时候，我们班一个孩子裤兜里的5元钱掉在地上，刚好那男孩在后面看见了，就走上去把5元钱捡起来。后面几个同学看见了，连忙对他说："那是前面的同学掉的，快还给同学。"可是那男孩不愿意，还一直说那是他自己的钱。

我弄明白事情的始末后，就让其他孩子离开。我知道这男孩从小性格就很倔，一旦认定的事情就很执着，一百头牛也难牵他回头。我得想个办法。

我让孩子坐下，拿起一支笔，在一张白纸上画起了示意图。

我边画边问："孩子，请问你手上的钱是在学校的大厅捡来的吗？"

"是的。"那孩子爽快地回答。

"那请问，你捡到的钱是从我们班A同学的裤兜里掉下来的吗？"我连忙追问道。

那孩子回答："是呀。"

"那就是说你捡到了A同学从裤兜里掉在地上的钱，对不对？"我继续问。

那孩子肯定地点了点头。

我心里窃喜，原来这孩子是挺诚实的。

"既然你知道钱是A同学的，你就赶快还给他呀！"我高兴地说。

"老师，那钱是我的。"

"孩子，你刚才明明说你捡到A同学从裤兜里掉下来的钱，怎么钱就变成你的啦？你快还钱吧。"

"老师，那钱是我的！"那孩子肯定地说。

看到孩子斩钉截铁的样子，我知道不可以强硬对待。我拿起另一张白纸，尝试反过来跟他确认那5元钱的运行轨迹。

"孩子，请问现在你手上的5元钱是不是A同学从裤兜里掉在学校大厅的地上呢？"我问。

"是的，没错！"那孩子想都没想就回答了。

"那是不是你一个箭步走上去，把5元钱捡起来呢？"

"没错！"那孩子肯定地说。

"那你就把钱还给A同学吧。"

"老师，钱是我的！"

……

无论我从哪个角度进行推断证明，那孩子最后的结果都是——那5元钱是他的。虽然那孩子是在众目睽睽之下捡了A同学的钱，但那孩子一直都说钱是他的，言之凿凿。我觉得这里面一定有什么原因。

"那你就给我说说，为什么说这5元钱是你的呢？"我好奇地问。

这样一问，就问出了一个故事。原来有一天，那孩子在小区玩的时候，捡到了一部手机。他记得老师平时教他拾金不昧，所以他就乖乖地站在原地等失主。他妈妈下班回来见到儿子站在那，奇怪地问："宝贝，你站在这里干什么呀？"

"妈妈，我捡到一部手机，我在这等失主呢！"那孩子自豪地举起手机说。"给我，我的手机刚坏了。回家吧！"他妈妈一手抢过孩子手上的手机，就拽着孩子回家了。你们要知道，接下来的整整一个星期，他妈妈都在骂那孩子笨，她告诉孩子："天上捡到宝，问天问地拿不到。"

看，我用了五年的时间培养孩子的价值观就被他妈妈一周全部毁掉了。

如果我没坚持去了解事情真相，我就不知道那孩子受到了妈妈不良的影响，就不能从根本上引导孩子。每个孩子，每一件事，背后都有一个真相！只有好好沟通，找到事情的真相，我们才能对症下药，才能药到病除。

（二）我孩子在家不这样

迎来新的一年级，我们班有一个很好动的男孩子。上课时他很难静下来，喜欢和周围的同学说话，和同学玩。读书、写字时也不消停，边读边偷偷看着老师，只要老师一不注意，他就会趁机玩一下。排队、做操时最让老师头疼，他站在那里，就算是身体不动，他也会东张西望，看看这个同学，瞅瞅那个同学，嘴巴撇一撇、嘟一嘟，做着各种各样的鬼脸，周围的同学就会被逗得哈哈大笑。

面对这样的孩子，引导教育是很难的。我与家长沟通，希望家长跟老师配合一起教育孩子。谁知家长听完我的话，说："老师，我孩子在家不这样！"

"怎么可能？难道不是同一个孩子吗？"我请家长说说孩子在家的情况。

家长说："孩子在家虽然比较好动，但是不会乱动。在家吃饭乖乖的，写字安安静静的，在我们面前也很少挤眉弄眼。"我听了觉得非常奇怪，孩子在家和在学校怎么完全不同呢？

"孩子在幼儿园的时候也很安静，很守规矩吗？"

"不是！幼儿园的老师也说他很好动，比较调皮，但是他在家不是这样的！我觉得应该是老师不懂方法。"

"那您说说，孩子在家为什么这么安静呢？我也来学习学习。"

"老师，您客气了！我们在家对孩子要求还是比较严格的，特别是他爸爸，只要他调皮，就会揍他，而且下手很重。"

"您仔细想想，是不是爸爸不在的场合，孩子特别兴奋？"

"是的，我最近也发现了。孩子怎么这么奇怪，该怎么办呢？"

通过深入交谈，我们惊讶地发现孩子在家里和在学校的表现完全不同。原来这一切都是真的！孩子在家里和在学校为什么完全像是两个人呢？行为差异为什么会这么大？我们又该如何避免这种情况发生呢？我们要培养孩子的规矩意识，而不是用打骂等武力来强制孩子。不然，孩子只要一离开这种"武力"控制环境，就会"失控"。

我们只有耐心了解事情的真相，才能找到对症下药的方法和教育的契机。

（三）他们是故意的

"中心，为儿童而存在。"我们学校注重孩子的德、智、体、美、劳等方面的全面培养，为开阔孩子的视野，经常开展培养孩子兴趣、陶冶情操、发展个性的活动。

那一天，学校举行一年一度的科技活动。操场上热闹非凡，一个个科学活动摊位整齐地摆在跑道上。"魔力摩擦""奇思妙想点金子""纸飞机竞赛""科学故事大比拼"等活动奇妙有趣，吸引了许许多多孩子排"长龙"等候。

"老师，A同学躲在厕所里哭！"

大家都那么兴奋，A同学怎么会哭呢？我连忙走了过去。只见A同学躲在一个小角落里轻轻哭泣。

"宝贝，你怎么啦？操场上的游戏多好玩呀！"我边说边走过去。

A同学听到我的话，居然更大声地哭了起来！

我连忙走过去，抱着他说："怎么啦？老师跟你一起去玩！"

A同学用力推开我，哭着说："我不玩！我不玩！"

"游戏不好玩吗？"

"他们就不让我玩！他们故意不让我玩！"

"谁呀？"

"他们都是坏人！他们故意不让我玩！"孩子越说越气，手紧握成拳头，似乎有无尽的委屈。他这样一说，把我吓了一跳，难道全班的同学一起欺负他了？

"孩子，老师在，你告诉老师，谁是坏人，他们怎么啦？"我连忙问。

"是他们，是他们！操场上全部的人都不让我玩。"孩子边哭边指向操场的人群。

"你慢慢说，告诉老师，究竟是谁？不可能全部都是吧。"

"全部都是！全部都是！"

我见他激动的样子，把他带回教室，对他说："孩子，你先喝口水，把这小饼干吃了，再慢慢说给老师听，老师一定会帮你的。"

"我排队排了很久，但，但我不会！游戏这么难，他们是故意不让我玩。他们知道我想玩游戏，让我排这么久的队！他们……他们都是故意的。"

听了孩子的诉说，我恍然大悟，这个孩子是遇到挫折了。一年级的孩子遇到挫折不懂怎么面对是很正常的。但如何引导孩子学会从困境中走出来，帮助孩子去摸索成功的方法呢？

我牵着A同学的小手，说："没关系。老师教你玩，我们再排队，好不好？"

"他们是故意不让我玩，都很难！"

"孩子，每个人都一样。你认真看看，也有好多人像你一样不会玩的。你去看看那些不会玩的同学会怎样吧？老师跟你一起去看看，好不好？不怕，老师牵着你的手。"

"嗯！"

"宝贝，看到了吗？不会玩的同学在干什么？"

"他们有的去别的游戏摊玩了。"

"我们走近点看看，那几个同学在干什么？"

"老师，原来他们在学玩游戏的方法。"

"是呀，孩子，其实遇到不会玩的游戏不要紧。我们可以玩别的，也可以找人教你。现在我们也一起学习。学会再玩好不好？"

"好！"于是我就跟A同学一起学玩游戏，学会后跟他排队玩。看着孩子开心玩游戏的样子。我知道，A同学那天收获的不仅是学会玩游戏，还学会了遇到困难怎么应对。

其实每个孩子身上都有故事，我们应该站在孩子的背后，试着解读每个孩子背后的故事。在这个过程中，我们有很多发现，也会有更多的收获。

其实，每一扇门都有一把能打开门的钥匙的！这需要我们用心地去找。

四、"切"——设身处地地体验学生处境

中医里把脉的"切"，就是我们老师的亲自体验。如果说"望""闻""问"是试图了解真相和内在原因，那么"切"则是对症下药的关键。一般来说，许多问题在"望""闻""问"后就能真相大白，可以进入如何处理。但是有些事情非要你再"切"一"切"，才能水落石出。

（一）大课间的故事

孩子们每天都期待阳光大课间，40分钟，一起做操，一起跑步，非常放松。有一天，孩子们跑步的时候，我一直听到我们的副班主任在提醒一个男孩要注意对齐，而且声音越说越响，越说越气。我跑到后面看看怎么回事，原来有个男生跑起来总不对齐，副班主任多次提醒他，还是跑歪了，副班主任非常生气。看见副班主任生气的样子，再看看男生一脸无辜的样子，我也觉得奇怪，平时这男生跑步都是对得整整齐齐的。于是，我让副班主任到前面去带队，我在后面看看究竟怎么回事。我在这个男生旁边陪着孩子们跑了半圈，就发现是怎么回事了。原来，这个男孩比较胖，平时和他并排跑的是一个比较瘦小的同学，所以他们一直都能对整齐。那天，旁边那个同学请假了，后面上来一个比他还要胖点的同学跟他并排跑，结果他们两个你挤我一下，我挤你一下，总是有一个人对不整齐。于是我就让一个瘦小的同学跟他并排跑，结果再也没有跑歪，事情就这样简单解决了。

为了避免这样的事情发生，我提醒带头的两个同学的距离要拉大些，以免后面的同学位置不够。其实有些事情，你只要亲身去感受，就有可能知道发生了什么事，怎么去解决这些问题。

（二）老师才不相信你

B同学是一个很贪玩的小男孩，喜欢东摸摸、西拍拍，同学经常"投诉"他，老师也常批评他。

有一天，B同学跑过来对我说："老师，有几个女同学总欺负我。"

他也会被人欺负？要知道都是他欺负人的，一定又是他对女同学做什么，我心里想。我找来那几个女孩子了解怎么回事，果然不出我所料，那几个女孩子都说被B同学欺负了。

我无奈地摇摇头，对B同学说："是你又调皮了吧？以后不要了啊。"那几个女孩子对着他做鬼脸。

B同学嘟着嘴说:"我没有啊!是她们欺负我啊!"

哎,还不承认!

有一天,我走到走廊里,见到几个女同学围在一起,叽叽喳喳的,不知在说什么。我好奇地走过去看看。只见那几个女同学围着B同学,有的捏一下他的耳朵,有的拨弄一下他的头发。

B同学生气极了,大声说:"不要再玩了,再玩,我就告诉老师。"

那几个女同学笑着说:"你去说吧,老师才不相信你呢。"

这时候我才知道,原来有些事情如果不是我亲眼看到,还真不知道真相。

(三) 今天作业多吗

偶然听到几位五年级的家长在学校门口聊天,其中一位家长说自己的孩子作业比较多,晚上10点多都做不完。我想:不可能吧,会有那么多的作业吗?另外几位家长跟我的想法一样,说自己的孩子一般都在9点完成作业,还有时间看书、玩耍。但那位家长坚持说,她的孩子就是做得很晚,并把做每一项作业的时间列举出来。

回到办公室,我一直在想,真的要做那么长时间吗?旁边的同事说:"你可以试试看呀!"说做就做,我向五年级的老师借来语文、数学以及英语的学习用品,认真做起来。语文用了25分钟,数学用了20分钟,英语用了10分钟,合起来刚55分钟。同事提醒我:"你要知道,你是老师,给一般的学生做可能就要一个多小时了;如果给一些学习比较后进的学生做,时间还可能要翻一番;如果孩子做作业的时候再磨蹭一下,那就到10点都做不完了。"

真是不试不知道!从此以后,我常常跟学生一起做作业,为的就是亲身感受学生做作业的经历,让我在教育教学中更有针对性。

理　解

每个孩子都是独立的个体，他们有不同的生活背景、不同的个性、不同的兴趣、不同的思维方式……我们不可能用同一种方法管理、教育他们。我们需要理解他们，才能更好地引导他们。

一、我们在做综合实践研究

"黄老师，你一定要治一治你们班的那几个孩子！"一位同事气冲冲地跟我说。

"他们怎么啦？"我连忙问。

"唉，你不知道有多危险，他们爬到学校的杂物柜上面玩。我批评他们，他们还说在那里做综合实践研究。真是太过分了，不注意安全，不尊重老师，回去一定要严惩！"

听了同事的话，我连忙找到那几个"肇事者"——三个贪玩的男孩。

"你们刚才玩什么新玩意啦？"我问道。

"老师，我们刚才在做综合实践研究啊！"三人齐声回答。

"综合实践研究？那么危险！"

"老师，你不是建议我们收集存在的安全隐患吗？我们发现，原来那个装扫把的杂物柜是可以爬上去的！爬上去后可以看到整个操场，好高啊！"其中一个男孩滔滔不绝地说着。

"老师，你不知道，那个杂物柜上面有多脏，有很厚的灰尘。"另一个边说边拍拍衣服上的灰尘。

"除了发现柜子可以爬上去，很高，很多灰尘，还发现了什么？不是在综合实践研究吗？"我又问。

"哦！因为太兴奋，忘记了。这个柜子很危险，这么高，如果爬上去在上面玩，一定会……"带头的男孩吐着舌头说。

唉，这几个小家伙！不过，回头想想，孩子贪玩、好奇是天性，是很正常的。孩子拥有的这份好奇心是珍贵的，而且这珍贵的好奇心将引导他们以后去探索新知。作为老师，我可不能抹杀这份好奇心。

我严肃地说："爱实践探索是好事，可你们没有注意过程中的安全问题，还顶撞关心、提醒你们的老师。"

"老师，对不起，刚才我们太兴奋了。"

"就是因为兴奋才容易出意外！杂物柜那么高，老师很担心你们会摔倒、受伤，以后做什么都要先注意安全！"

"老师，我们知错了！一会儿我们就去跟刚才的老师道歉！我们也会注意安全！老师，请您放心。"三个孩子不好意思地低下头。

因为我的理解，换来了他们的主动认错！因为我的理解，保护了他们的好奇心！

二、孩子的世界

"老师，C同学他们又不知躲到哪里去了。"

"老师，C同学他们总趴在窗台上，好危险！"

每次听到这些"投诉"，我都觉得好头痛。那几个小男孩，都已经五年级了，还静不下来，不是玩躲猫猫，就是去找秘密基地，整天爬高爬低，没有一刻消停。批评他们，他们嘴巴说下次不会了，但一转身就忘得一干二净，真没办法。

那天下课，我又发现那几个小家伙不见了。听说他们很喜欢到二年级课室后面的那块草地上"寻宝"。我再三提醒过那边有池塘，不能独自去。当我悄悄走向空地，远远就听到C同学的声音。

"你们看，那是蚂蚁的触角，书上说，蚂蚁找食物、认路和同伴传递信息都得靠它的触角。我们一起看看是不是真的。"

"你们看，那只蚂蚁用自己的触角去碰另一只蚂蚁的触角啦！"

"实在太有趣啦！原来书上讲的都是真的。"

"这里真是一块宝地啊！嘘，别让老师发现！"

听他们这么一说，我便悄悄地离开了。他们原来在这里探究大自然的奥秘。怪不得我怎么提醒他们，他们还是偷偷来。原来我根本不理解他们，根本就没有从他们的角度去看问题，没有考虑过他们真正的感受。

但是他们独自去那边，会有危险的！于是，我决定定期带着孩子去他们的"秘密基地"探秘，与他们一起到安全的地方，去看他们趴在窗台上想看的奇妙景象。我希望自己能一直站在孩子的角度，用他们的视角看世界。

三、让错误变得美丽

有人说理解是一种爱，也有人说理解是一种幸福，更多的人会说理解万岁。

我们都是来自第一线的老师，面对的孩子越来越有个性，他们的行为也常让我们目瞪口呆。其实，理解能让错误也变得美丽。

作为老师必须接纳每一个孩子，接纳孩子的一切。不论孩子做了什么，我们都必须相信孩子的犯错是有根源的，正因为他们是孩子，不成熟，才会犯错，才更需要我们的帮助。只有这样想，我们才能静下心来去倾听、去了解，才能找出问题的症结所在，并做出恰当的处理和教育。

有一天，我听完两节课回到教室时，班长就向我反映，刚才的科学课上，全班同学大声起哄，并要求班长让他们开电脑玩电子游戏。那时，我很震惊——平时挺守纪律的孩子为什么会这样呢？究竟是怎么回事呢？我应该怎样处理呢？

我不动声色地把孩子一个一个找来谈话。从孩子的口中，我知道了整件事情的始末。但大多数孩子并不觉得他们做错了。他们觉得两节课没有老师上课，做完作业就可以选择自己喜欢的方式轻松，更何况在家里经常是这样的。

教育绝不是摆出老师的威严来训斥，更不是让其强制地服从。我们需要走进孩子们的精神世界，与他们交流沟通。为了让孩子能和我站在同一战线去解决问题，我首先认同了他们的感受。我告诉他们，老师在他们那么小的时候，遇到这样的事情也会这样做。孩子们一听，来劲了，纷纷表达自己的想法。有的说玩电脑游戏能益智，多玩能让头脑灵活；有的说玩电脑游戏会上瘾，不能玩；有的则持中立的意见……此时，我非常庆幸自己没有马上责备他们，不然这一幕是不可能出现的。

最后，轮到我说话了。我先把我收集到的有关这方面的资料和沉迷游戏的个案给孩子看，用事实告诉他们这样做的负面影响。我还告诉他们，老师认为这样做是不对的，同时渗透如何有责任心、理性地学习知识。孩子们虽然被老师批评，可没有抵触情绪，同时还在错误中学习了做人的道理，收获不少。

课后，我更让孩子就此事与家人展开讨论，把思考的空间留给孩子，让孩子通过与家长的交流得到教育。更告诉他们真理不是老师说了算，需要我们用自己的耳朵去聆听，用自己的眼睛去观看，用自己的脑袋去思考。

通过这件事，我与孩子的距离一下子拉近了，关系更加亲密了，孩子的精神面貌也有了很大的改观。原来，理解能让错误也变得美丽。我相信下次再遇到这样的事情时，孩子们会多一份思考。

四、老师，我很烦

上了三年级，R同学做事速度就变得很慢很慢。其他同学用5分钟写完的作业，他30分钟也没办法做完。每次提醒他，他总皱着眉头，点点头。

在与家长沟通后，我才知道他在家更慢！每天一到家他就把自己关在房间，到了睡觉时间还没做一半作业。虽然做了那么长时间，但R同学每天还是没办法交齐作业，不是没做就是没做完！我觉得很奇怪，这孩子一、二年级时可不是这样的呀！每次找他聊，他都会闷声闷气地说："知道了！"但……

我坚信，孩子一定是遇到什么事了！那天，我与R同学约定，放学后找个安静的地方谈谈。放学后，我跟他坐在跑道边的椅子上，我说："孩子，我知道，你一定是遇到什么困难了，是吗？"

R同学说："没有啊。"

"那你为什么每天都没办法完成作业呢？以前你做作业也没有这么慢的？"

"那是我不专心！"

"为什么呢？"

"我也不知道！我现在已经很努力了。"

"孩子，没关系！老师知道你努力了。请你告诉老师原因，老师不会责怪你的，老师只想帮助你！"我真诚地摸着孩子的头说。

孩子抬起头，说："真的吗？"

"当然！老师知道你绝对不想落后的，是不是？做不完作业你也着急，对不对？"

孩子用力地点了点头。

"孩子，勇敢点，说吧。"

"老师，你知道吗？我很烦！"

"是吗？怎么啦？"

"上了三年级，除了语文、数学，还有英语也有作业！每天回去，很多很多作业，很烦！很烦！"

"多了英语，觉得很辛苦是吗？老师明白。"

"是的，真的很烦！很烦！"

"真的有很多作业吗？"我试探说。

"真的，很烦！很烦！"

孩子不停说很烦！想想，作业真的很多吗？我每天跟孩子们一样做语文作业，也关注数学和英语作业，作业量也比较少。孩子为啥总这么说呢？我该怎么办呢？

我试着说："要不，我们现在回教室做作业，看看是不是很多，好不好？"

回到教室，我让孩子自己选择一科作业试试。R同学选择了他觉得时间最长的语文作业来做，我就在他旁边批改作业。没想到，20分钟，他就说完成了。我看看时间，的确是！我让他再做数学，他10分钟就完成了。我让他做英语时，他说："不用了，英语5分钟就能完成。"

"做35分钟的作业，多吗？现在烦不烦？"

"今天怎么这么快？"

"孩子，其实每天的作业都差不多。不过是你以为三个科目的作业就一定多，就觉得烦，是吗？"

"嗯！"

"孩子，你下次做作业的时候，就一科一科地做，其实并不多。明天开始试试看，如果还是觉得多，老师陪你做，好不好？"

"好！老师，我会努力的！谢谢您！现在我不烦了！"孩子笑着说。

接下来的几天，孩子都笑眯眯的，问他为什么这么高兴，他就说自己进步了，不信问他妈妈去！我和他妈妈联系一问，果真如此！

理解孩子，真诚帮助孩子，真好！

五、监考那些事

每到监考的时候，不能看书做事，更不能看手机，挺难熬的。最近四年，我居然是监考同一个班，可以说我见证了这个班级的孩子的成长。在这个过程中，我越来越发现监考挺有意思的！

我监考的班级有一个很特别的男孩。一年级的时候，考试前他的班主任跟我说："这个孩子坐不住，喜欢自己说话，很难集中精神做卷子，所以这孩子一直坐在最前面，好让老师监督提醒。"班主任再三强调，孩子要哄才做卷子。

走进教室，我一眼就能看到一个高高的男孩坐在讲台前面的桌子上，不用说他就是那个特别的男孩了！卷子发下去，孩子拿起卷子看了一眼，就开始敲桌子。我说："你认真做，我就奖励你。"我把早就准备好的奖品拿出来。这招果然有效，他拿起笔写起来。接下来，孩子写一会儿就停下来玩，我就不停地鼓励，拿出奖品"诱惑"他，费了很大的劲，孩子才做了一大半。

　　二年级监考还是他们班。走进教室，我看到那孩子又长高了不少，还是坐在第一排。我想：孩子长大了，应该好一点了吧。做试卷的时候，那孩子的确乖了很多，没有敲桌子玩耍了，但就是不愿意做。写几个字，就在翻弄旁边书架的书。批评他，根本不管用。只要他一拿起笔，我就使劲表扬，但这方法一会儿又失效了。使用奖品这一招也只能坚持一会儿，真累！

　　三年级，我还是监考他们班。那男孩还是坐第一排，高高大大的，表情还是那么稚气，见到我就像见到朋友一样，举手跟我打招呼。我说："三年级了，小哥哥会自己做试卷了吗？"他似笑非笑地点点头。开始的时候，他的确能自己做，但到了第二题，他就开始摸头挠耳，可能是不会了。我提醒他遇到难题可以跳过，先做懂的题。看到他做做停停，我真的很着急！不过想想，孩子已经在进步了。我只好耐着性子鼓励他慢慢做，奖品还是有准备的！看到孩子考试的状态，可以想象他平时的状态，我真要向教他的老师致敬！

　　四年级，我还是监考他们班。进教室，第一排却看不到那个男孩了。是转学了吗？看看后面，一个帅气的孩子向我摆摆手。原来他坐到后面去了，可能是太高了，不能再坐第一排了。我向男孩竖起大拇指，说："今天自己独立完成啊！"男孩点了点头。我想：哎，你坐在后面，老师是不可以走过去提醒你了，这次我真帮不了你了。

　　卷子发下去，孩子们都认真地做起来。时间过了一大半，我突然想起那男孩，看他埋头做试卷，我很惊讶，孩子居然自己做试卷了。能坚持做完吗？我远远看着他，他做得很投入，并不知道我在看他。我忍不住走过去看了看他，那时他在写作文，已经写了五六行了。哇！可真快！又过了一会儿，我走过去看看，他还在写作文，不过我发现这次他是从卷子最后一行往前写的，看着他从后面一行一行往前写，我觉得真不可思议。但男孩的表情是那么认真，写一写，想一想，又继续写一写。就这样，他居然把五百多个格子全部写满了。只见他看着卷子上慢慢填满的文字，开心地笑起来。这时他抬头看着我，我不由得给他一个大拇指。他又笑了。

卷子收上来，我特意看看他到底在作文上写了什么。前面的五六行文字是看得出一个所以然来的，但是后面的完全不知道他写什么。我问他后面写了什么，孩子笑着说："老师说要写满的！"哦，我明白了。孩子为了完成老师的要求，就把后面的格子填满。怪不得他要从最后一行开始写起。

见到他的班主任，我不由得赞叹道："您真有办法！那男孩居然被您'调教'得这么好！"老师很内敛，她笑了笑说："我没有做什么，这孩子的心智、能力比别的孩子慢一些，但是他已经很努力了！我只是鼓励他，努力写完！"

是的，"他已经很努力了！"多么简朴的一番话。老师理解孩子的一切，就能泰然处之，孩子就能健康成长！

六、文具又回来了

有一段时间，我班的孩子常常丢失诸如铅笔、橡皮、卡纸、图片之类的小东西。以前这些事情也时有发生，但那些东西往往不是掉在桌下，就是在抽屉的某一个角落。可这几次却不一样，找遍了所有角落，还是不能找回来。难道班上有人偷偷拿了别人的东西？但经过详细查找，有些孩子书包里的零用钱完好没动。经过几天的观察，有人发现我们班的C同学和D同学放学后经常折回教室拿东西。再进一步深入观察、了解，同学丢失的小东西果然是他们俩拿的。此事已传到教导处去了。有些科任老师认为，拿人家的东西就是偷东西，小小年纪就学偷，是道德败坏的表现。甚至有个别老师认为，学校要严肃处理，"曝光"此事，教育他人。

面对此事，作为班主任的我，必须冷静下来，认真思考、全面分析、了解真相、妥善处理。于是，我请他们坐下来问道："你俩拿别人的这些东西干什么呢？现在这些东西呢？"C同学不好意思地说："我是见到这铅笔很漂亮，就拿来看看。看过不久后，我就送给其他同学了。"D同学说："我拿那些卡纸是为了玩，玩完后都送人了。"后来，经了解、证实，他们的话是真的。

看着这两个"不知所谓"的孩子，我茫然了。从儿童心理学来看，这两个孩子随便拿别人的东西是出于"强烈的占有欲"。他们对自己没有的东西，既好奇，又想知道什么。因此，便悄悄将别人的东西拿去玩。但看完、玩完以后，东西不再新鲜了，他们就把东西随意地送给了别人。这与偷有本质的区别。如果偷，为什么书包里的钱没有偷走，而专去拿一些奇异、新鲜的东西呢！这说明，孩子们的伦理道德观念还没有建立起来，对于财物所有权的理解还是很模糊的，他们拿走了不属于自己的物品，只是一时的好奇冲动。如果把这当作"偷"，当作道德败坏来处理，那将会适得其反。

我认为：孩子们出现这些问题，是孩子成长当中的问题。解决这些问题，不能操之过急，不能简单粗暴，需要教育者理解孩子，要有一颗善于谅解、善于包容的心。理解、宽容也是一种教育。正如物理学家阿尔伯特·爱因斯坦（Albert Einstein）所说的那样："善于宽容也是教育修养的感情问题。宽容之中蕴含的了解、信任、等待，表明了教育者对自己的教育对象积累的足够的信心，也浸透了一种于事业、于孩子们的诚挚热爱。"理解孩子、宽容孩子是一种教育艺术，是教育方法和智慧。

于是，我精心准备了一节班会课。首先我给孩子们分享了我的一个小故事——我从北京回来，带回一些南方孩子很少见的银杏叶，准备送给我朋友的孩子，可放在办公桌上，回来却不见了，使得朋友的孩子很失望。他那惋惜的表情我一时很难忘怀。孩子们听了也感到十分可惜，纷纷说起东西不见的经历和感受，有几个孩子甚至眼泪都流出来了。这时，我暗地观察C同学和D同学，只见他们头压得很低很低，生怕别人知道他们拿了人家的东西。接着我又通过大量的视频、事例让孩子们了解乱拿人家东西的危害和后果，以提高孩子们分辨是非的能力。在此基础上，我委婉地把最近班里不见东西的事情说出来，并强调："老师和同学们都相信他们不是有意'偷'的，只是以前不懂才会犯错。现在他们懂了，相信他们一定会改正的，同学们也会理解他们的。你们说是不是？"同学们纷纷点头。

最后，我们就"如果自己拿了别人的东西，该怎样做"展开讨论。有人认为，应该直接归还，当面道歉；有人认为，如果不好意思，可用信封装好悄悄把东西归还；还有人认为，东西归还后还要向人道歉……看到孩子们的积极参与，看到孩子们坦然的表情，我深深感受到：孩子们正确的是非观正在形成。

第二天，我一到教室，就听到这个同学兴奋地说："黄老师，我的圆珠笔回来啦！"那个同学拿来卡片给我看，还有另一个同学悄悄告诉我，她的铅笔回来了，并说她不会告诉别人的。回到办公室，我看到我的办公桌上放着一张卡片。看得出，卡片是孩子精心制作的，卡片中央是一扇门，打开精美的小门，上面写道：

亲爱的黄老师：

我已经把我拿同学的所有东西一一还给同学了。谢谢您告诉我——没有得到别人的允许是不能拿别人东西的。回到家，妈妈也批评了我。我知道错了，以后决不再犯。

　　谢谢！

　　黄老师，我爱您！

×××上

　　看到卡片，我很感动。这就是理解与宽容的结果。孩子需要被理解，他们从中能领略到老师的良苦用心。老师的理解能唤起他们的自尊、自信、自强，教育就能收到事半功倍的效果。

七、谁倒的墨水

　　中午上学，一孩子走到自己的座位上惊叫起来："谁倒的墨水？"我连忙走过去一看，孩子挂在椅背上的衣服全都是墨水。看看周围，不见一滴墨水。我问孩子，哪里来的墨水？怎么会有墨水？三年级的课程没有用到墨水的呀！

　　全班孩子到齐，我询问有没有人知道是怎么回事，大家都说不知道。是谁倒的墨水呢？看来只能"私访"了。"私访"结果显示：有一个孩子的确有一瓶墨水在抽屉，但那个孩子有时间证人，证明他离开教室后就没有回到教室了。那是谁倒的墨水呢？

　　后来，我得到学校允许，调取了教室走廊的监控，发现一个孩子放学后回过教室，而且往返好几次才离开。这个孩子嫌疑最大。找来这个孩子询问，他一口咬定只是回教室拿东西，更何况他也不知道有墨水！总之，问来问去，这个孩子就不承认。

　　什么都得讲证据，可是教室里没有监控呀！怎么办呢？我只好请来这个孩子的爸爸。孩子的爸爸很紧张，害怕学校会严惩孩子。我安慰孩子爸爸说："您不需要紧张，我们只是想教育孩子，并不是惩罚孩子。"孩子爸爸连忙说："那就好！我想孩子一定是贪玩，我知道他不是故意的！"

真是知子莫若父呀！孩子爸爸很理解孩子！我们当老师的何尝不这样呢！想到这儿，我跟孩子爸爸说："要不，我们来合作，孩子说不定就会说出实情来。"孩子爸爸连连点头。

我请孩子爸爸带孩子回家。回到家，爸爸跟孩子说："孩子，我刚才看了监控，一切都明白了。爸爸知道你不是故意的，是吗？爸爸相信你！你做错了，希望你能认识到错误，爸爸绝不惩罚你，改正就好！相信爸爸，好吗？"

"爸爸，真不惩罚吗？"孩子半信半疑地问。

"说到做到！"

"爸爸，其实我真的不是故意的！"

"爸爸知道，你不是故意的！"

"是这样的，今天中午我回教室拿我的魔方，突然想起同学有一瓶墨水，想拿出来看看。拿出来后发现光线不够，我就想拿到窗边看，结果一不小心，就把墨水倒在同学的衣服上了。我当时害怕极了。我怕同学责怪我，老师惩罚我，你知道后一定会揍我的！"孩子低着头，战战兢兢地说。

"孩子，爸爸为你的勇敢骄傲！我和老师都理解你，知道你不是故意的！以后做错事情就要勇于承认，有错就改！好吗？"

"好！现在我该怎么办？"

"孩子，有错就改！第一，跟老师、同学承认错误，道歉。第二，想办法把同学衣服洗干净。"

"好的，爸爸！"

接到孩子爸爸的电话，我长长舒了一口气。事情终于水落石出，我感谢家长的协助。大人对孩子的理解，会给孩子面对错误的勇气。

善 言

苏霍姆林斯基说："教师的语言修养在极大的程度上决定着学生在课堂上的脑力劳动的效率。我们深信，高度的语言修养是合理利用时间的重要条件。"著名教育学家夸美纽斯说："教师的嘴，就是一个源泉，从那里可以发出知识的溪流。"教育家们的话告诉我们教师语言的重要性。

教师向学生传道、授业、解惑以及师生的交流都必须以语言作为桥梁。教师清晰精确的表达，恰如其分的点拨，惟妙惟肖的渲染，能自然而然地把学生带进知识的殿堂，并开启他们的心智，陶冶他们的情操，让他们获得精神的满足。因此，教师的语言修炼是无止境的。一位成功的教师的重要标志是善于表达，有较高的语言表达能力。教师善言，就能散发其智慧之美。教师的语言包括有声的语言和无声的语言。

一、有声的语言是教师主要的工具

在教育教学中，有声语言是教师主要的工具。教师教育教学的语言，对于语音、语调、语速、语气等都有较高的要求。一位谈吐优雅、风趣幽默的教师一定会深受学生的喜爱，更会对他们的精神世界产生深远的影响。教师们不断锤炼自己的教学语言，巧妙地对声音加以控制，对提高教育教学效果可以起到事半功倍的作用。

（一）语音准确响亮

第一，音要正。标准的发音、规范的语言是教师给学生最好的示范，也是吸引学生的"本钱"。如何能做到？最有效的办法是经常进行朗读练习。现在学习朗读的素材很丰富，像张家声、乔榛、张筠英、瞿弦和、方明等有名的朗读家的作品在网上都能搜到。课余时间听听名家的朗诵，既能得到艺术的熏陶，又能学习标准的发音，更能学到名家的语音、语调以及表达的艺术。

第二，声要响。声音响亮，吐字清晰，才能确保学生听清楚、弄明白。一般来说，教学语言的音量以全班学生都能听清楚为宜。音量过低，后边的学生听不清楚，音量过高，像高音喇叭，学生会觉得刺耳、不舒服。但是，教师面对的是几十个学生，每天讲话的时间长，如果不懂得合理使用嗓子，那么嗓子很快就会沙哑，怎么说都不会响亮了。因此，懂得发音和说话的技巧是非常重要的。学会正确发音、懂得说话的技巧才能保护好嗓子，才能保持动听的声音，提高教育教学的质量。

第三，话要准。教师的语言要表达规范，准确易懂。学生的知识学习与教师表述的准确性有很大的关系。教师教学语言的严密性、逻辑性、条理性都会影响教育教学的效果。如果教师教学的语言逻辑混乱，表述不严谨，那教学就会漏洞百出，甚至犯知识性的错误，严重影响学生的学习与成长。学生最不喜欢老师啰唆，老师说多了，学生就容易生厌。特别是到了高年级，老师整天啰啰唆唆的，学生都不愿意听。这就很容易出现"你有你说，我有我说"的局面。

（二）语调有变化

教师语言的动听程度决定了课堂的感染力，决定了学生对教师的接受程度。动听语言的魅力不可忽略。记得我刚毕业的时候，经常听到一位老师在讲台上讲课，调一直很高。老师讲课很有激情，很投入，但奇怪的是学生好像没有听到一样，做自己的事情，有的甚至在说话。这位老师看到这种情形，就把声音再提高点。但老师的声音提高了，学生的声音居然也提高了，整个课堂就像在吵架一样。这位老师虽然很辛苦，但学生就不听。那时，我在想：究竟是为什么呢？我的师傅告诉我，那是因为这位老师的声音一直高平，没有变化，很容易造成听觉疲劳，所以学生都听不进去。

在教育教学中，语调上的抑扬顿挫、高低快慢的变化，是教师必须掌握的语言技巧。合理掌握语调，能有效调动学生的学习兴趣，使其集中注意力，提高教育教学的效果。语调的变化最能引起学生的注意了。例如，教师讲到情节紧张的时候，可以把声音压低放轻，引发学生的好奇；教师讲到关键点或强调突出某个问题时，可以提高声调，放慢速度；在讲一般性、陈述性的内容时，语速可以加快些；当提出一个问题的时候，可以适当停顿一会儿，既能有效地引起学生的注意，也让他们有一点思考的时间；当发现学生出现疲态时，应及时调整语音、语调，引起学生的注意，让他们重新兴奋起来。

如果课堂上发现学生精神分散，甚至说悄悄话，就可以停下来，短暂的沉默能引起学生的注意。教师利用短暂的沉默，往往会收到"此时无声胜有声"的效果。提高音量、降低音量、沉默等都是教师在教育教学中常用的手段。

教师教学语言的速度也要适度，教学过程中要注意语言的节奏。教师上课的时候只用一种速度，就会显得很平淡。该快时不快，拖泥带水，使人感到拖沓；该慢时不慢，像放连珠炮，学生来不及思考、消化，应接不暇。因此，语言节奏的快慢直接影响学生的思维活动。教学语言若能做到高低快慢适度，语调抑扬顿挫，有鲜明的节奏感，学生就会越听越爱听。

（三）语气有温度

音色好的人说话很动听，但不是每个人都有好的音色。其实，只要你在说话的时候带着友善的感情，说话的语气自然就会变得柔和起来。因为言为心声。作为为人师表的教师，说话的语气更需要有温度。

高温：有时教师说话需要严肃郑重。例如："请你站好！""请马上拿出书本！"但严肃不等于高声说话，不要以音量定输赢，只是语气的强调。这时候不是情绪的宣泄。教师在教育教学的过程中，需要学习一项本领——控制自己的情绪。诸如"闭嘴""还不去，你笨啊"等伤人的语言会伤害到学生。要知道一句伤人的话语，如同一把利剑，会伤害学生脆弱的心灵。

中温：更多的时候，教师要用关爱、平等、商量的语气跟学生对话。教师发自内心的关爱和鼓励，能激发学生学习的热情，能给他们增添勇气。

例如，学生进入教师办公室要有礼貌，进入之前要喊声"报告"，得到老师允许方可进入。但是总有些学生会忘记。有些老师就直接大声呵斥："你怎么不喊报告就进来了？办公室是你随便进来的地方吗？"这时，学生虽然被叫住了，但有些没弄明白老师为什么批评他们，通常就是呆呆地站在那里，不知如何是好！就算这次老师把他赶走了，下次他还会这样。

说话有温度的老师就不一样了！

"学生过来，你进来叫报告了吗？进老师的办公室需要喊报告，得到允许才可以进来，明白了吗？来，你走出去再来一次，好吗？"

听到老师这么说，学生就明白了。于是按老师的方法走到门口喊报告，得到老师允许再走进办公室。

对比一下两位教师的做法，哪一种说话更有温度？

有时候教师微不足道的一句话，可能在学生看来，就是对他整个人的评价，甚至是对他整个未来生活的评价，所以教师必须要时刻留心自己说话的语气。

在课堂上，对学生说激励性的语言，有时会收到"点石成金"的成效。"瞧，这位小朋友坐得特别端正，老师要为你点赞！""同学们表现得太棒了，老师想请一位坐得最端正的同学来读一读。""老师发现我们班的学生特别会读书。""第二小组同学的眼睛最有神，值得大家学习。"这些语言虽然很平常，但能温暖每一个学生。有温度的语言既能鼓励学生，激发他们的学习兴趣，还能潜移默化地改变学生的课堂常规。他们在老师的鼓励下积极完成老师布置的任务。在老师有温度的提醒中，课堂常规也慢慢地发生着变化。这就是有温度的课堂语言的魅力。

（四）活用课堂口令

小学的学生，特别是低年级的学生，天真活泼，自控能力较弱。教师学会灵活使用课堂口令，能够更好地组织教学，增强课堂的活力。而学生在愉悦的气氛中获取知识，可以收到事半功倍的效果。

活用课堂口令，有利于课堂纪律的组织，有利于课堂环节的衔接，有利于调动学生的学习兴趣。教师有针对性地进行训练，让学生熟悉课堂口令，并慢慢成为一种习惯，会使教育教学的效果显著提高。

1. 课前口令

上课铃响了，学生很难快速安静并做好上课准备。这时教师说课前口令，学生就会边回应边做，课前准备就变得简单、整齐。

师：铃声响。生：进课堂。

师：铃声落。生：安静坐。

师：课本书。生：放右边。

师：铅笔盒。生：放中间。

师：上课铃声响。生：快步进课堂。

师：不吵也不闹。生：静坐座位上。

……

2. 课中口令

在课堂上，当发现学生精神有点分散，或者因讨论交流、游戏等活动处于兴奋状态的时候，教师一说课中口令，学生就会条件反射性地跟着喊。口令重复两三遍，教室便会很快安静下来，这让课堂组织变得轻松自然。

师：一二三。生：坐端正。

师：小小手。生：放放好。

师：小眼睛。生：看老师。

师：小嘴巴。生：不说话。

师：小腰板。生：快挺直。

师：谁坐好？生：我坐好。

师：谁最棒？生：我最棒。

师：请你跟我这样做。生：我就跟你这样做。

师：火车火车哪里开？生：火车火车这里开。

师：谁是文明小观众？生：我是文明小观众。

……

小学阶段是学生学习习惯养成的重要阶段。课堂上，教师可以利用课堂口令培养学生的学习习惯。课堂上经常使用一些朗朗上口的课堂口令指导学生读书、写字，好的学习习惯就会自然而然形成了。

师：读书时。生：身要直。

师：头要正。生：脚放平。

师：手捧书。生：稍倾斜。

师：眼离书。生：有一尺。

师：准备写字。生：身直，头正，脚放平。

师：三个一。生：一尺一寸一拳。

师：八字形。生：头抬高，脚放平。

师：要发言。生：先举手。

师：声音要响亮。生：发言要大方。

……

古诗对接是很多教师喜欢的课堂口令。古诗课堂口令可全班同学一起来对，既可以将学生的注意力集中起来，又可以在不知不觉中复习学过的古诗，激发学生学习古诗的兴趣。

师：好雨知时节。生：当春乃发生。

师：随风潜入夜。生：润物细无声。

师：读书破万卷。生：下笔如有神。

……

二、无声的语言有助于师生之间的沟通交流

在课堂教学中，教师不仅要重视有声语言的运用，而且要善于运用无声语言。自然、贴切的无声语言，有助于师生之间的沟通交流，有助于激发学生的学习积极性，还能提高教学效果。

无声的语言就是用眼神、表情和手势来表达某种意义。教师巧妙

地运用无声的语言，可以增加有声语言的生动性和形象性，能大大提高教育教学的效果，能达到"此时无声胜有声"的效果。

（一）眼神的艺术

美国文学家拉尔夫·沃尔多·爱默生（Ralph Waldo Emerson）说过："人的眼睛和舌头所说的话一样多，不需要字典，却能从眼睛的语言中了解整个世界。"教师在课堂上科学、灵活地运用眼神，对教学起到很大的辅助作用。

1. 注视

对教师来说，注视是眼神运用中最为常用的一种方法。课堂上，每个学生都需要关注，每个学生都希望得到关注。教师恰如其分的注视，可以有效地了解学生当时的学习情况，也可以静悄悄地对学生进行提醒，还可以适时调动他们的学习情绪，更可以随时激励学生，调动课堂的气氛。

如果学生上课精神分散了，教师可以静静地注视学生长一点时间，当学生感受到教师的眼神在注视自己的时候，自然就会调整自己的学习状态。教师也可以给学生一个严肃的注视或者对学生眨眨眼，这眼神就在提醒学生：学生，你开小差了，听课专心点啊。当有些学生信心不足，小手想举又不敢举的时候，教师可以给学生一个鼓励的注视：宝贝，加油，你可以的！这时学生往往会得到鼓励，大胆、自信起来。在学生回答问题时，教师投以注视的眼神，表示对学生的尊重与关注。眼神的提醒教育往往是悄悄进行的，其他学生一般不会察觉。这样做既能保护被提醒的学生的自尊心，教师运用起来又比较轻松自然，对形成良好、和谐的教育教学氛围有很大的帮助。教师经常运用注视与学生交往，时间长了就会与学生形成默契，形成亲密的师生关系。

在教育教学中，教师的注视运用既要丰富，又要恰到好处，要让学生从教师的注视中领悟到所表达的意思，在教师的注视中感受到对自己的关注。

2. 环视

环视是面向全体学生运用的一种眼神。上课铃响后，教师走进教室，用严肃又亲切的目光环视全班每位学生，把学生的活动情况尽收眼底，起到检查准备情况和组织教学的作用。在上课过程中，教师不时地环视整个课堂，既是维持课堂秩序、督促学生专心学习的一种有效手段，也是关注学生、尊重学生的体现。在教师讲重点内容之前，做一番环视，能起到吸引学生注意力的作用，可谓"一言未发先有意"。教师的环视，使学生感受到老师对自己的关注，能激发他们的学习热情；对个别不专心听讲的学生也起到提醒和督促的作用。

注视和环视有机结合、一起运用，会收到非常好的教育效果。例如，课堂出现一些突发事件，学生哄闹起来，此时教师语言的劝阻不一定有效。但如果教师用严肃的眼神环视所有的学生，这时的环视能起到警示的作用。教师还可以长时间注视几个带头的学生。这种持久的注视是很有震慑作用的。

教师眼神，可以传递话语，可以给予温暖，可以催人奋进，可以让学生感受到老师的期待、鼓励、赞许、批评……教学的艺术是无止境的，教师要在教育教学实践过程中不断摸索与发现眼神的巨大魅力。

（二）表情的艺术

国外心理学家在一系列实验的基础上，得出这样的结论：信息的总效果=7%的文字+38%的音调+55%的面部表情。的确，教师的表情很大程度会影响学生的学习情绪。教师在课堂上的一切表现，皱眉、微笑、沉思、雀跃都在向学生传递着自己的情感，也会影响学生，对课堂氛围也起着极其重要的作用。教师有效的课堂表情能大大提高课堂教学效率，提高教学质量。

亲切的笑容、饱满的精神、关切的神情，是教师热爱教育事业、热爱学生的自然流露，是与学生建立亲密关系的前提，是走进学生心灵的"通行证"。如果教师总板着面孔，学生会望而生畏，师生之间就会有距离感，也会降低学生求知的欲望，进而降低教育教学效率。相反，教师亲切的课堂表情，能营造积极、愉悦的课堂氛围，有利于学生形成积极的情绪和愉快的心境，有利于学生对知识的掌握以及运用。因此，教师要用爱的微笑去征服学生的心灵，把微笑带进课堂。

教师丰富的表情可以传递信息，表情达意，还能辅助教学，提高效率。提出问题时，教师轻轻皱眉，露出思考的表情，很容易就把学生引入思考的状态；当学生害羞、不自信时，教师露出亲切的微笑，表示理解与鼓励；当学生违纪时，给知错者以微笑，给"顽固"者以严厉……久而久之，教师会与学生形成默契，让学生喜欢，有利于形成良好的师生关系，大大增强教育教学效果。

教会学生"察言观色"，会让教师表情的作用最大化。"察言观色"就是要注意教师的表情。例如在课堂上，教师的表情突然严肃起来，不作声，那说明一定是有同学不集中精神或者做了别的事情，那你首先要检查自己有没有不认真，再看看周围的同学，适当做提醒。如果学生都懂得"察言观色"，教师运用表情来对课堂进行调控就更轻松自如了。

（三）手势的艺术

教师恰当的手势、动作在课堂教学中也能起到非常重要的作用。请学生坐下或起立，常常用一个手势示意；让吵吵嚷嚷的学生停下来，只要做一个停止的手势；请学生举手回答，不需要语言，只要做一个举手的动作；请学生安静，就用手指放在嘴边轻"嘘"一声；表扬学生的时候，竖起两只大拇指……

善用两只大拇指会给教师带来很大的帮助。每个学生都渴望得到老师的关注与肯定，但是教师只有一张嘴巴，就算不停地鼓励与表扬，也很难满足学生的需求。这时候，两只大拇指就派上用场。

课堂上，教师竖起大拇指送给第一组的学生，第一组的学生马上心花怒放；把大拇指递给全体同学，全体同学都精神鼓舞。这一招用在嘈杂的地方管理学生最有效。学生叽叽喳喳说个不停，老师批评谁，表扬谁，学生都不知道，但只要把两只大拇指竖起来，学生都能看到，旁边没有受到表扬的学生自然就会静下来。

无论是有声语言还是无声语言，只要运用得当，都能给教育教学带来很大的帮助。因此，教师不仅要注意提高自身语言的交流能力，还应该重视无声语言的运用，两者相结合，使课堂教学更加轻松、自然，达到更好的教学效果。

善　思

班主任的工作琐碎繁杂，当班主任仅做到"勤看，勤听，勤做"还远远不够，还必须做到"勤动脑"。遇到事情，班主任要善于思考，善于总结经验，在反思中肯定自我，批判自我，提炼有效的办法，提高工作的效率。只有这样，才会慢慢得心应手，才能做好班主任工作，才能成为一名智慧型班主任。

一、说笑话

学生到了四年级，就不再像低年级那样整天围着你叽叽喳喳，不再像以前那样不管是对还是不对什么都说。特别是在语文课上，以前争着举起的小手少了很多，以前清脆响亮的回答也变得羞答答的。

作为班主任的我真有点不适应。明明是我带了三年的学生，怎么就一下子变了呢？面对成长速度快、自我意识越来越独立的学生，要取得他们的信任，继续与他们保持亲密的关系，我必须想办法。

为了拉近师生间的距离，我课间争取与学生聊聊天、说说话，与这个搭搭肩，跟那个勾勾背，努力融入他们的世界。我发现学生讨论的话题再也不是以前的动画片了，而是玩什么游戏，哪个明星美，哪个明星帅，哪位老师最幽默……

学生喜欢风趣幽默的老师。我不幽默，但可以学呀！我买来《幽默大师》杂志每天研读；看书、看报的时候，一看到有笑话，就努力记住。课堂上，看到学生情绪不高的时候，就给他们来一个笑话，学生的精神马上就来了。有时候，被一个调皮鬼打乱了课堂的节奏，闹得气氛紧张的时候，我就给他们来一个笑话，气氛一下子就缓和了。课间学生来缠着我，问我怎么那么多笑话。我说，那是秘密，不过是可以公开的秘密。后来，学生都很会讲笑话，我不开心的时候，他们会讲笑话逗我开心。

我很幸运，有机会与学生一同成长。学生在不同的时期会有不同的表现。只要我们老师能善于观察、善于思考、善于改变，那么学生会成长，老师也会成长。

二、糟糕的公开课

相信每一位老师都有过这样的经历，有时候课上得很顺利，跟自己设想的一样，上完特别有成就感。但有时课上得令你怀疑人生，怎么上也不顺畅，你问什么，学生都不知道。那一次，让我遇到这种情形的不是平时的课堂，而是一节公开课。那节糟糕的公开课对我影响深远。

学校领导说，过几天来一批跟岗的校长，想随堂听一节语文课。随堂听课，那就是说不需要什么特别的准备。那时我们班刚好学习完一个单元，准备写作。我想：那就来一节口语交际课——"爱吃的水果"吧，那是学生喜欢的课，一定不会冷场。我想着口语交际，只要学生喜欢说，那就没问题了。我还特意给学生准备了上课的道具——水果。相信学生在课堂上，看着诱人的香蕉，吃着香甜的水果，他们一定会滔滔不绝。要知道我们班的学生平时就很活跃。为了给学生创设讨论的氛围，我特意让学生分组而坐。在分组的时候，我突然想，让学生自由组合来坐，学生可能会更放松、更活跃。于是我做了一个大胆的决定，自由分组。

走进教室，看见每个学生坐得端端正正，眼里有光，我相信，这节公开课一定会成功。刚开始的时候，的确如此。学生看着桌面的水果，都纷纷举手发言，水果的大小、颜色、形状都说得很具体，语言丰富，就连听课的校长都不由得鼓起掌来。这让上课的我也感到特别兴奋。

在说水果味道的环节，我就让学生尝尝水果的味道。话音刚落，就听到了争吵声。循声而去，只见班里最有个性的两个男生为了争吃一根香蕉而争吵起来。我急忙走过去，把香蕉分成两半。两个男生很不情愿地拿过香蕉吃起来。这时我才发现，由于自由组合，这一组的学生都是班里最有个性的，平时很容易就起争执。每次调整座位我都要给予他们最大的空间，保持最大的距离。但今天，他们几个居然如此的亲密。我不由得站在旁边叮嘱他们要听指挥，不要争吵。

吃完水果，学生纷纷举手分享水果的味道，说得真不错！可是，我发现很多听课的校长并没看我，而是在看另一边。我往那边一看，原来两个男生正在进行香蕉皮大战，你扔给我，我扔给你。旁边的同学也在凑热闹，把橙子的皮抛起来玩……看到这种情形，我轻声提醒学生放下手上的果皮，大部分学生听到我的提醒就住手了，但那两个男孩，我一转身又"战"了起来……

好不容易熬到40分钟下课，我长长舒了一口气，心里像打翻了五味瓶，不知道是什么味道！

以学生为主体，尊重学生是必需的，但是不深入理解学生的情况而随意组合学生，必然会造成很多估量不到的后果。幸亏这只是节公开课，如果是一些有对抗性的比赛活动，很有可能造成严重的后果。我想想也后怕！

这节课后，我用好长时间来反思、消化这一节糟糕的公开课。课虽然是糟糕的，但其意义是巨大的——备课，必须先备学生！

三、多厉害的班干部

有经验的班主任都会很注重班干部的培养。我也不例外，总是手把手教他们，一次一次引导他们如何管理，如何树立威信，如何得到同学的信任。每次见到小班干们做事有条有理，我都在心里暗暗高兴。

一天上午，我因为有些急事要处理，迟了几分钟到教室。隔老远就听到我们班的教室传来一阵刺耳的训斥声："你们几个在干什么呀？你们不知道已经上课了吗？你们是不是想放学留堂，你，你，放学留下来……"原来是我们的小班长正生气地指着几个小调皮在训话。刚好有两位老师经过，看到这情形，不由得说："多厉害的班干部啊！"

"多厉害的班干部啊！"

听到别的老师说这句话，我总觉得有点不太舒服。究竟为什么？说不清。

下午回到教室，我看见几个男孩居然坐在桌子上玩。我正想训他们一顿，可还没等我发话，班长就已经厉声喝道："你们怎么这样！"班长的一言一行怎么那么像我呀！看着班长叉着腰，指着那几个男孩训斥的样子，我好像看到了自己。从学生的言行里我看到了自己！

"多厉害的班干部啊！"

我又想起上午老师的话。"厉害"是在于声音？在于力气？在于权威……我突然发现，我的教育方法是多么简单粗暴。更可怕的是，我的言行影响了我的学生。我要感谢向我提出忠告的同事，但我更感谢我的学生。从他们的身上，我看到了自己的影子。我深感羞愧，我会努力修正自己，修炼自己。

四、谁来当小老师

小学低年级的学生都喜欢当小老师，且乐于分享。但到了中高年级就变了，学生可能怕羞，也可能是觉得与别人分享会吃亏。那一年，我任教四年级。那天，有两个同学因病缺了两节语文课，我想借此机会锻炼一下学生，就说："谁愿意当小老师，给他们讲讲昨天语文课的内容？"本以为学生会争着举手，谁知过了好一阵子，才有一个学生举手。看到这个情形，我好失望。但学生不愿意，我也不能强迫他们呀！

我愣了一下，想了想，换一种方式可能有效。于是，我给他们讲了一个小故事《丢失的裙子》。故事的梗概是小女孩安妮为了买自己喜欢的裙子，整个暑假替邻居看小孩挣钱。没想到就在开学前的几天，她和妈妈在整理旧衣服时，居然把刚买的新裙子当作旧衣服送到慈善机构了。更意外的是那条新裙子居然穿在她的新同学身上。当安妮弄清楚一切后，她只说了一句话。说到这里，我还特意让学生猜猜安妮会说什么？学生踊跃发言：有的说安妮告诉同学裙子是她的，请同学还给她；有的说安妮很生气，哭着回家要妈妈赔；有的甚至说安妮要求新同学马上脱下裙子还给她……

我告诉学生，安妮说："我家还有一件跟这裙子很相配的小外套，有时间我给你试试。"学生听到这，都觉得很奇怪。我随即引导他们思考："安妮为什么这么说呢？从安妮的身上，你学到了什么高贵的品质？""乐于分享，为别人着想，心中有他人……"学生纷纷回答。课后，十几个学生主动来找我，要当小老师。我想故事里传达的往往比老师说的来得自然，更有教育效果。

当学生缺乏忍耐、坚持的时候，我会给他们讲《一步之遥》《有了愿望的石头》《被拒绝的巨星》等故事。当我希望学生学会自信的时候，我会给他们讲《你就是上帝》《打破你心中的冰点》《甩掉怯懦的法官》。当我希望学生明白感恩使人快乐时，我会给他们讲《至高境界的宽容》《美好时光》《学会让别人快乐》《身残志坚的勇士》……

有时候，想一想，变一变，换一种方法去解决问题也挺好。

五、本周，黄老师不在

那年的11月，我出差一周，为了真实了解学生在这一周的情况，我给学生布置了一篇以"本周，黄老师不在"为题的日记。"黄老师不在，我们可自由啦！""这真是快乐的一周啊！黄老师不在！""黄老师不在，班里真是天下大乱了！""黄老师，我告诉您，我终于发现同学平时的乖是装出来的！"……

看到学生那发自内心的话语，我必须接受一个事实——我平时并没有把德育做到学生心里头。学生的一字一句、一言一行不是在我心里敲响的警钟吗！

该怎么办呢？接下来几天，我都在细细地读着学生的日记，慢慢地厘清自己的思路，默默地思考着今后的路。我没有像学生预想的那样秋后算账，没有像以往那样晓之以理，而是美美地和学生分享我一周以来的收获；轻轻地告诉他们老师对他们的牵挂；静静地观察他们的一举一动；悄悄地打听他们的一切；细细地记下我想到的一点一滴！

自己约束自己的小故事一个接一个，题目为"谁来管我们"的讨论会紧接着举行。"谁来管学生""如何管学生"是我要思索的。是啊，单靠老师的"威力"来管学生已经落后了，不见效了。现在必须学习自主管理，教是为了不用教，管是为了不用管，我要努力把德育真正做到学生的心里去。

学生犯错，上帝也会原谅！每次学生出错，其实都是在警醒我，让我不断地找出自己工作的疏忽，这是我完善自己的过程。

六、另觅出路

有一个经典的教育故事：陶行知看到学生王友用泥块砸同学，当即制止，让他放学后到校长室。陶行知回到校长室，王友已在门口等着挨训了。没想到陶行知却给了他一颗糖，并说："这是奖给你的，因为你很准时，我却迟到了。"王友惊疑地瞪大了眼睛。陶行知又掏出第二颗糖对王友说："这第二颗糖也是奖给你的，因为我不让你再打人时，你立即就停止了。"接着陶行知又掏出了第三颗糖："我调查过了，你砸的那些男生，是因为他们不遵守游戏规则，欺负女生；你砸他们，说明你很正直善良，且有跟坏人做斗争的勇气，应该奖励你啊！"王友感动极了，哭着说："陶校长，你打我两下吧！我错了，我砸的不是坏人，是自己的同学……"陶行知这时笑了，马上掏出第四颗糖："因为你正确地认识错误，我再奖励你一颗糖……我的糖分完了，我们的谈话也结束了。"这故事一直激励我，教育需要多思考、多想办法。

但教育方法不能生搬硬套。如果你用这个方法来教育现在的学生，不一定有效。教育方法是每一位老师在教育实践中摸索、反思、总结出来的，这样才能提升自己，形成自己的风格。

前几个星期，同年级的一位班主任学习去了。学生的"妈"不在，小学老师一定知道是怎样的状况。每天做操排队，学生都叽叽喳喳说个不停。副班主任见批评不听，就用罚了。拉一个出来站，声音不减；拉两个，声音还差不多；副班任可气了，一连拉了四五个出来，但声音还是不减！你们说，如果是你们，你们还会继续拉吗？当然不会！后来，我用了一句话改变了这个局面，全班都静下来了。

那时，眼看被拉出来的人数越来越多，但放眼望去，大部队的人似乎更散了，个个都像被传染了似的。我看见只有后面一两个高个子的女同学比较安静地站在那儿。于是，我走到那两个女同学面前，大声说："看，这两个同学素质真高，那么安静，站得这么直。"旁边那几个人听了，下意识站直了些。我马上说："瞧，旁边的同学都被她们感染了，站得真直。"结果周围的同学都不说话了。他们的副班主任看到这样，学着我的口吻，到前面也找了一个比较好的同学来表扬。真灵！全班都静下来了，而且一直坚持到早操结束都特别安静。

有时候，当发现这个方法行不通时，我们就得另觅出路。

有时候，面对同一个学生，也要不停地变换招式。我教过一个好动的男孩。刚上一年级，他完全不会坐，更不会听，上课就在推桌子，一会儿把桌子推到左边，一会儿把桌子推到右边。我就每天课间用几分钟训练他坐，训练他眼睛看老师。我发现这个方法很有用。慢慢地，在课堂上他居然能坚持十来分钟不乱动了。我喜出望外，就表扬他能坚持坐端正，有进步。他受到表扬，就更安静了，有时还会举手发言呢！我可高兴了。我想，只要坚持，他一定能跟上大家的节奏，一起学习。

过了一段时间，我发现他就只能安静十来分钟，无论我怎么训练他、表扬他，似乎就那样了。后来，我又发现他很喜欢捉弄别人，课堂上总在捉弄同学，上课的老师都拿他没办法。找学生聊天、批评作用都不大。找家长来一起教育，开始效果是有一些的，但时间长了也没有什么效果了。后来，学生爸爸带他去看医生，医生说他是中度的多动症，给他开了药。有了药物的帮助，他较之前安静了很多。但不知道从什么时候开始，他的脸经常抽搐，医生说那是药物的副作用，家长马上给他停药，他恢复原样。

　　班上的学生对这个男孩的意见也越来越大了。经常有学生与他争吵，不喜欢和他一起坐，不想跟他一起学习和活动。怎么办？于是，我就以"快乐大家庭"为题，开展"我们会分享""假如是他""让我告诉你""寻找交往小秘诀"等一系列班会课，引导学生友好交往，团结友爱。慢慢地，学生之间的关系融洽了很多，学生慢慢接受了那个男孩，并特别照顾他。这时，我又顺势做了一个《互助手册》，让其他学生为他记录他的表现，好的给予奖励。开始，这招真的很有用。在同学的帮助和提醒下，他的课前准备基本能做好，排队、吃早餐等都明显有进步！但一个月后，这一招又没那么灵了。怎么办？继续想办法！继续实践、改进！路被堵，我们又再觅出路。这就是我们当老师独特的地方，每天都有新挑战！

　　为了教育这个学生，我和老师们、同学们不断地转换适合他的方式、方法。他并没有一下子就转变了，但的的确确在进步。他也深深感受到大家对他的关心与帮助。他曾在一次习题里写道："我要夸夸我们班所有人，因为他们都很爱我。"当时看到这句话，我的眼泪哗哗地流了下来。虽然已经过去差不多十年了，但我还深深地记得这句话。我们为学生做的一切，学生是知道的，是会记住的！

七、他只做了一道题

　　"班上的一个学生实在没办法教了！四年级了，上课没有一分钟听课的，回家也不做作业。哎，居然有这样的学生！"一个同事向我吐槽。"那你跟我讲讲他的情况吧。"我说。

听了同事的阐述，我大致知道了学生的情况：四年级的一个男生，爸爸、妈妈忙，也不太懂教育。学生从小好动，有点小聪明，但就是静不下来，不听课，不做作业。每次考试就是四五十分。每位老师都觉得他只要听课，跟着老师做做练习，就不至于是这样的。但他就是不听、不做！每天回到学校，老师就批评他各种不是，同学也不喜欢他。在老师和同学的心目中，这学生没有一点点的可取之处。

我说："你表扬过这学生吗？"

"哪有机会表扬他！每天这个样子，谁表扬他！"同事越说越气。

"要学生改变，我们老师先要改变。我们要改变我们的方法，也要改变对学生的态度。"我说。

"怎么改变？他都这样了，难道是我们老师的问题吗？"

"那倒不是，既然批评的方法行不通，那么我们尝试一下其他方法，怎样？"

"好吧，你说。"同事说。

我说："你要先找到他的优点，哪怕一丁点也马上肯定、表扬，让他知道自己也是有优点的，老师看到了他良好的表现。例如，上课的时候，他瞟了你一眼，你马上就说：'哇，×××上课会看老师了，老师知道他正在努力。'如果他多瞟你几眼，你更要在全班面前表扬：'瞧，×××在不断进步，今天他上课看黑板的时间是以前的好几倍，说明他很努力改变自己。老师相信你。我们给他掌声。'老师要善于发现学生的优点，不断地给他鼓劲，让他自己相信，他是可以做到的。也要告诉他，我们需要不断努力，才能做出改变。"

过了两天，我向同事问起那个学生的情况。

"哎，上课才听几分钟就又不停地动了，作业只做一道题，还写得很潦草。哎！"同事边说边摇头。

"嘿！好家伙！以前从不听课，从不写作业，现在居然会听几分钟，还做了一道题目！太棒啦！"

"亏你说得出来，你都不知道他写的字只有他自己能看懂……"同事继续说那个学生的不是。

学生已经迈出很大一步，但老师总是希望他能一天就彻底改变。那有可能吗？要知道，他已经尽力了，我们老师应该理解他，看到他的努力。一天一小步，坚持下来不就成一大步了吗？

"你不能用要求其他学生的标准去要求他，他是他。他能做一道题就很不错了，你要继续鼓励。如果他每天能做一道题，那进步多大呀！那就更要表扬……"同事听了，觉得我说得有道理，于是每天跟我交流学生的情况，我也根据学生的情况与同事一起商量、调整教育教学的策略。

听说，现在那名学生上课听课的时间越来越长，有时居然能坚持一节课，作业也基本能完成简单的题目。

唤 醒

每一个学生都有丰富的心灵与巨大的潜能。他们的内心就像一个藏满宝藏的盒子，装着智慧、意志、品格、美感等生命的能量。教育就是从心灵深处唤醒学生，发掘他们的潜能，激发他们的创造力。"哇！一年级就会跳绳了？了不起，每天跳，一定成冠军。"仅凭这句话，一个刚学会跳绳的小男孩每天一回到家就练习跳绳。第二年，小男孩参加学校田径运动会，成为二年级的男子跳绳冠军。教育就是唤醒。

一、蜗牛小风波

出差几天回来，有学生告诉我，班里很多同学在"贩卖"蜗牛。"贩卖"蜗牛，怎么回事？据学生反映，最近科学课在学习蜗牛，因此一些同学带了蜗牛来观察，大家围在一起观察很开心。过了几天，就开始有人叫卖起蜗牛。一下子，蜗牛成了热销品，一只蜗牛一元、两元不等。真是只有你不知道，没有学生做不到的事，我出差才几天就做起买卖来了。

学生对蜗牛的热爱可想而知，如果制止他们，他们一定会很失望。三年级的学生对钱已经有一定认知，但是还没有形成正确的金钱观，这就需要老师引导。我跟学生说："老师也很喜欢蜗牛，请大家回家收集一些关于蜗牛的用途、价值的资料，明天我们来上一节关于蜗牛的班会课。"学生一听，雀跃欢呼。

第二天，一踏进教室，我就看见桌面上摆着各式各样的小盒子、小杯子。不用问，里面装的一定是他们的挚爱——小蜗牛。

我先在黑板上写上大大的几个字——可爱的蜗牛。再看看学生，个个眼里有光。我先请学生分享一下蜗牛的可爱之处。学生争先恐后地举手回答，积极发言的样子我从没见过。学生从蜗牛的样子、习惯等方面介绍可爱的蜗牛，说得眉飞色舞，那是他们的真情流露。接下来，我请他们分享蜗牛的用途以及价值。这个问题对于学生来说应该比较陌生，但没有难倒他们，他们知道得还蛮多。有的学生说："《本草纲目》中早有以蜗牛治病的记载。近代中医学也公认蜗牛具有清热、解毒、消肿、治消渴等作用，对糖尿病、高血压、高血脂、气管炎、前列腺炎、恶疮和癌症等疾病有辅助治疗作用。"有的学生知道最近俄罗斯科学院高级神经活动和神经生理学正在尝试用蜗牛等软体动物的神经组织治疗帕金森病。学生还知道蜗牛不但有医用价值，还有营养价值……

听完学生的分享，我让他们思考：这么有价值的蜗牛，卖一元钱值吗？为什么？

学生有的说："一元钱值了，我们没有怎么付出劳动，我们只是随手捉的。"有的说："我们很难找到的，不过给同学，无所谓了。"有的说："自己没有，一元钱能买到，值！"……

"你们觉得同学的友谊值多少钱？"

"无价之宝！""不知道。""我妈妈说过不能用钱去衡量的。"……

"今天你有收获吗？跟大家分享一下。"

"我知道原来蜗牛不但有药用价值，还有营养价值。""同学对蜗牛的认识很多，我要向他们学习。""同学之间的情谊很宝贵，我们不能用钱去衡量。我们应该与同学分享，而不是用钱去买卖。"……蜗牛风波引发了学生很多的思考。

一次小风波，我与学生都得到了成长。我们不怕学生犯错，因为只要抓住这次成长机会，用智慧唤醒学生，就可以促进学生自我成长。这就是教育的智慧。

二、我们的班干部

班主任的工作琐碎复杂，就是多！这就得在"管"字上下功夫了。老师管？班干部管？怎样管？著名教育专家魏书生老师就说："要一起管。"

班里"人人有事做，事事有人做"是魏书生老师班级管理的一大特色。魏老师班级的学生，每人都有自己承包的"责任田"。例如，轮流承包的有值日班长、抄写每日格言、主办班级日报等；固定承包的有收发各学科作业、检查日记等。总之，每个学生都是班级的主人，都能体验到自己的价值。

这几年，我也在不断地尝试这种管理方式。不过，第一次尝试就不顺利。记得那一次，我先预设了如班长、体育委员、劳动委员、宣传委员等班级的班干岗位，让学生自行选择。班长、体育委员的岗位大家争着做，而对劳动委员、宣传委员等岗位大家不太感兴趣。最后我只好"分田到户"，才把其他岗位分配出去了。刚开始，学生很积极，事情也做得蛮不错。但一两个星期后，学生的热情就减退了，就算我不断地鼓励，一部分学生还是坚持不下去了。有一些岗位，本来就不是学生愿意做的，结果几个星期后，只剩下一小部分学生能坚持了。过了一段时间，我的尝试就无疾而终了。

经过那次失败的尝试，我倒是有收获的。我发现，只有学生感兴趣的事才可以坚持。

那一年，我任教一年级。我们学校的教室小，桌椅多，学生一动桌椅就会歪。有一天，我发现班里的一个女学生离开座位都会随手把桌椅摆正，动作娴熟、自然。

"学生，你怎么会摆桌椅呢？"我好奇地问。

女学生不以为然地说："平时在家就这样。"好像这一切都是应该的，没有特意做什么。

我见她这样说，灵机一动，对她说："要不，你来做桌椅小组长。"小女孩一口答应了。

自此以后，小女孩做得更好了。我一看到她在摆桌椅，就表扬她关心班集体。学生受到表扬，就越做越起劲，一个星期下来，她负责的小组桌椅都整整齐齐的。那时，我不但表扬她关心集体，更表扬她能坚持做一件平凡的小事，坚持了一个好习惯，将来一定会成功。一些学生看在眼里，听在耳里，都想试试，也来申请做桌椅小组长。那时，我也不急，就说："这可是小事，一不威风，二不好玩，三还累，你们能坚持吗？"学生都说可以。看到学生信誓旦旦的样子，我知道时机来了，我挑选了三个学生各负责一个小组的桌椅。我告诉他们，要学会坚持，坚持做好一件事，以后一定能成功。这之后，我做得最多的事就是观察和表扬。表扬学生为班级服务，表扬学生坚持做一件事。有时学生不记得，我会问原因，并教给他们便于记住的方法。我还经常征求他们的意见，要不要继续做这件事。一个星期，两个星期，一个月，四个学生居然坚持下来了。

看到四个学生每天自豪地做自己的"工作"，还听到老师的夸赞声，一些比较精的学生主动来找我了："老师，我可以擦黑板。""老师，我会关窗户。""老师，管理图书角我最适合不过了。"……那时，我问他们："你们准备怎样做呀？你们能坚持吗？"答案是肯定的，我就让他们做去。

那段时间，我待在教室的时间特别多，就是为了看看学生工作的表现，夸夸他们的坚持，夸夸他们不怕苦、不怕累，夸夸他们关心班集体，是班级的小主人。慢慢地，"能坚持做一件事情""当班级的主人"的思想在学生心中形成。

那时，找我的人越来越多了。于是，我就适时地开展了"我是班级小主人"的班会课。在班会课上，我让学生认识到自己是班级的主人，让学生思考自己可以为班级做什么。于是，"红领巾检查员""餐具运送员""文明小卫士""小小卫生员""一分钟小老师""小秘书""换水专员"等管理岗位就产生了。

因为这些岗位都是由学生自己定的，学生都愿意去做，所以鼓励他们坚持就容易多了。在这个过程中，我分阶段、分小组教学生如何做好自己的班干部工作。

当然，有个别学生提出要换岗或不做，我尊重他们，更鼓励他们做自己喜欢的、自己做得好的事情。现在学生回到学校都有自己的工作，小门卫总是最早来，开窗开门，然后领读员带领早读；下课了，学生换水的换水，摆桌椅的摆桌椅，检查卫生的检查卫生……

总之，班级的事情多了四十多人来操心，我就省心多了。表面上是学生帮助了我管理班级，但实际上是我帮助学生发现了自己的能力，唤醒了他们做班级主人的意识。

教育的意义在于唤醒，唤醒学生心中的真、善、美。学生的心智被唤醒了，他们就会留心发现、主动探究，在探索的过程中得到成长。

家校篇

现代教育理念倡导共育，即学校、家庭、社会共同承担教育孩子的责任。共同教育的各方首先是一种合作教育的关系，家长是孩子成长中最重要的引路人，教师则是孩子在校学习的主要责任人，二者缺一不可。而家校双方合作的前提则为有效的沟通。探讨家校有效沟通的策略，拓展双方沟通的深度和广度，以此增进双方的了解，达成教育共识，形成教育合力，提升教育效果，促进孩子健康成长。

提升家庭教育素养

家长们都关心孩子的成长，给孩子穿好的，吃好的，将孩子送到好的学校，交给好的老师，总之，他们认为，要尽自己一切的能力给孩子最好的。家长把孩子送到学校时，大多都这样说："老师，孩子就全交给您啦！我们不懂教！"我们能感受到家长对老师的充分信任，但也从这一句话中看出很多家长对教育的理解存在误区——教育是学校的事情。

其实，家庭教育是孩子所受教育的启蒙和基础，并贯穿成长的始终。良好的家庭教育是孩子成长、成才的前提和关键。学校教育是在家庭教育起点上的延续和深化，社会教育是在家庭教育基础上的补充和扩大。家庭教育是一切教育的基础，是奠定人生之路的最基础教育，对孩子一生的发展有着重要的影响。因此，提升家庭教育素养，提高家庭教育水平，使家庭教育成为孩子最直接、最有力、最具权威的教育力量尤为关键。

一、以身作则，做孩子的榜样

家长的一言一语、一举一动都会注入孩子的生命中，再从孩子的行为、品格等方面再现出来。家长的言行在孩子的教育上起到的是潜移默化的作用。不要以为，只有家长与孩子谈话的时候，引导、教导孩子的时候，才教育着孩子。在家庭生活的每一瞬间，例如，家长怎样穿衣服，怎样跟别人谈话，如何谈论他人；家长怎样表示欢欣和不快，如何对待朋友和仇敌，怎么笑，怎么哭……这一切都会在孩子的脑袋中记下来，并通过他们的行为、性格等表现出来。所以，作为家长要留心自己的思想，留心自己的言语，留心自己的行动，留心自己的习惯，留心自己的性格，做孩子的榜样，这是首要的和基本的教育方法。

很多时候，家长是孩子的镜子！

曾有人问著名的佛学大师星云大师：

众：我的小孩不听话、不爱学习怎么办？

师：您影印过文件吗？

众：影印过。

师：如果影印件上面有错字，您是改影印件还是改原稿？

众：改原稿。

师：应该原稿和影印件同时改，才是最好。

是的，家长是原稿，家庭是影印机，孩子就是影印件。因此，家长是孩子最好的"范本"，身教重于言教。

在网络上曾流传着一个小故事：一位母亲在儿子做作业的时候，总坐在儿子旁边看书。儿子做多长时间，母亲就看多长时间，每天看同一本书。每天妈妈都看得很认真，但她并不知道，她拿着的书是反过来的，原来她并不识字！六年级毕业的时候，儿子跟妈妈说："妈妈，谢谢您的陪伴，谢谢您用行动告诉我要爱阅读。以后您不用再陪我了，我已经学会了。"

我们在这不讨论故事的真实性，但我由衷地佩服这位母亲，她用最直接、有效的方法——以身作则，做孩子的榜样。因此，家长希望孩子爱上阅读，家长首先要爱上阅读；家长想孩子学会孝顺，家长应该是个孝顺之人；家长想让孩子爱运动，家长带着孩子运动很重要；家长鼓励孩子学会坚持，家长更需要学会坚持。

二、走进孩子，学会赏识孩子

美国著名心理学家罗伯特·罗森塔尔（Robert Rosenthal）做过这样一个试验。

罗森塔尔教授把一群小白鼠随机分成两组：A组和B组，并且告诉A组的饲养员说，这一组的老鼠非常聪明；同时又告诉B组的饲养员说他这一组的老鼠智力一般。几个月后，教授对这两组老鼠进行穿越迷宫的测试，发现A组的老鼠竟然真的比B组的老鼠聪明，它们能够先走出迷宫并找到食物。

于是罗森塔尔教授得到了启发，他想这种效应能不能也发生在人的身上呢？他来到了一所普通中学，在一个班里随便地走了一趟，然后就在学生名单上圈了几个名字，告诉他们的老师说，这几个学生智商很高，很聪明。过了一段时间，教授又来到这所中学，奇迹又发生了，那几个被他选出的学生真的成了班上的佼佼者。这就是有名的罗森塔尔效应。

为什么会出现这种现象呢？正是"暗示"这一神奇的魔力在发挥作用。

每个人在生活中都会接受这样或那样的心理暗示，这些暗示有的是积极的，有的是消极的。有些孩子动作比较慢，于是家长见人就说："我的孩子动作就是慢，慢得像蜗牛一样。""看看，你怎么又在玩手指啦？你就是这样，没办法管住自己，一做作业就玩手指。"家长说一遍，就暗示一次。于是孩子就坚信，自己就是慢的，就是没办法管住自己。不用说，这就是消极的暗示。孩子每天都在接受消极的暗示，于是越来越消极。

我们可以换一种方式说："今天你比昨天快了1分钟，真棒！妈妈相信你还可以快一点，对不对？"想想，听到这一句，对于那些很少有机会得到表扬的孩子来说，是多么难得的肯定与激励。第二天做作业之前，智慧的家长会说："这几天你一天比一天有进步，相信你今天会更快的，妈妈给你计时，怎样？"这就是积极的暗示。家长努力发现孩子的优点，欣赏孩子，给孩子以积极的暗示，这就是赏识。

学会赏识孩子，家长会发现孩子存在很多潜能！

"呀！妈妈发现你已经2分钟没玩手指了，进步啦！妈妈相信你下次能坚持更长一点时间。""宝贝，你已经3分钟没动了，我就知道你能坚持。妈妈相信你！"……

家长很想孩子写字认真一点，可以在作业里挑出一个写得相对认真好看的字，说："看这个字你写得挺认真的。相信你会写得更好，对不对？来，我们试着再写一个。"这时，大多数孩子都会愿意写，而且写得更认真。这时，家长可以继续鼓励说："看，一个比一个漂亮。"这样孩子就会越写越有劲。如果你不想他进步，一句话就够了——"哎哟，你的字怎么那么难看，不堪入目！再写一个！"如果你不断这样说，保证孩子以后提起笔都会烦！

我教过一个小男孩，幼儿园没认识一个字，结果一上学要认很多字，孩子都蒙了。于是妈妈不辞劳苦陪他认字到深夜，但孩子就是不会，好不容易学一个，上一趟洗手间回来又不记得。妈妈说："都不知孩子是怎么了，孩子并不笨，但一叫他认字他就说累，眯着眼睛说要睡觉。"每次教孩子识字，妈妈就会急，嘴里不停地唠叨，"你怎么这么笨！这么简单的几个字学来学去都学不会。""你这样学习，以后怎么办呢？"有一天，我到他家家访，进门就见到那孩子闷头闷脑地趴在桌子上，眼睛眯成一条线。妈妈正声嘶力竭地教他读生字。我把孩子抱在怀里说："今天上课这宝贝眼睛睁得大大的看着老师，老师可高兴呢！"知道吗？那孩子刚还眯成线的眼睛一下子睁大看着我。我继续说："今天你还举手发言，还读准了几个生字，你进步还挺大的。"听到这，孩子不断地点头。我继续说："我还奇怪，为什么你进步这么大？原来你回家这么努力读生字呀！"孩子的头点得更大力了！那天，我走了以后，妈妈给我发来信息说："老师，今天我那臭小子像打了鸡血一样，学了3小时都不累，学得可快啦！"其实，这就是赏识的力量！后来，孩子的妈妈也学着赏识孩子，孩子学习的状态越来越好。虽说孩子学习速度还是比较慢，但从来不说累，很积极。现在孩子已经是一名初中生了，学习努力、认真是出了名的。相信这是妈妈赏识孩子的结果。

很多家长跟我说："老师教我们赏识孩子，但一回家就没办法用。"例如，"老师，别的同学已经做完作业在踢球，他还没有开始，你叫我怎样赏识他呢？""看见他这个样子，我都快气死了，还要我表扬他啊！""老师，我真找不到孩子的一个优点，怎么办？"……

那究竟如何才能做到赏识？又如何赏识孩子更有效呢？

（一）赏识要全身心地接受孩子

赏识的第一步就是要全身心地接受孩子，不拿他跟别的孩子比，只跟自己比。"哇，今天你做作业快了1分钟！宝贝，别小看这1分钟，这是你努力的结果。明天继续啊！""孩子，你真了不起，一口气学了两个，妈妈就知道你的脑袋瓜好使，你的记忆力就是好！"不管这时别人已经学会二十个还是三十个，你都不能拿孩子跟别人比。

（二）赏识要描述事实，把具体细节描述出来

要称赞孩子，就要把孩子做得好的地方具体描述出来，让孩子明确自己哪里做得好。例如，孩子自己想办法解决了一个问题，家长要表扬他："你遇到问题懂得思考，懂得想办法，还解决了问题，解决能力很强！"孩子虽然做得慢，但能坚持慢慢做，这时家长可以称赞他："孩子，你坐了一个小时都没有动过，虽然比较慢，但你不怕苦，能坚持，爸爸欣赏你！"孩子今天外出吃饭，没有拿手机玩，这时家长可以说："爸爸感觉你进步了，能控制自己，控制手机，不让手机控制你！希望以后也能这样，好吗？"……

你赏识孩子时描述得越具体，就越有说服力，就越能促进孩子的自我认知和思考，孩子就越能朝着你赏识的方面努力。

（三）要赏识孩子的努力过程

表扬孩子不要过于看重结果，而要肯定孩子努力的过程。家长要告诉孩子，爸爸妈妈看到你在努力，也为你的努力而感到高兴。久而久之，孩子就会形成成长的思维，不怕困难，不惧挑战，遇到困难和挫折会积极寻找方法。

（四）孩子犯错也可以赏识

很多家长经常会说："我真的找不到可以赏识孩子的地方。"其实，孩子做得不够好甚至犯错了，家长也可以先说出孩子的亮点，再提出希望，激发孩子的自信心，让孩子更加有勇气和动力做出改变。例如："孩子，你能如实把事情告诉我，挺诚实的。如果以后与同学交往的时候，能管住自己的情绪，注意用文明语言，那就更不错了。"又如："刚刚看你的测试卷，成绩不太理想。但妈妈发现你书写挺认真的。来，我们一起来看看你哪里没掌握，好吗？"……

自信的孩子就是这样夸出来的。每个孩子都像一个未被开发的宝藏，至于如何挖掘，如何让他们发挥出应有的价值，需要我们每一个人用心去探索。记住，"想让孩子成为什么样的人，就让孩子深信他是什么样的人"。

三、家长赏识孩子的误区

（一）无节制、无原则地称赞

有些家长将赏识孩子变成无节制地称赞，无原则地称赞，让孩子觉得自己很了不起，甚至不用努力就已经很了不起，这绝对是赏识的误区。赏识要适度，不要泛滥，注意我们引导的是孩子通过自己的努力所得到的点滴进步。例如，"孩子，妈妈看到你的努力，不管结果如何，妈妈喜欢你努力的样子，欣赏你认真的态度！"我们侧重的是孩子的努力，认真……而不是盲目的、笼统的表扬：你真聪明！你真棒！在表扬的同时，更要注意让孩子学习认知自我，不然孩子一跟别人比，又比不上别人就接受不了。我们培养的是一种好的习惯，一种做事的态度，不是结果。

（二）赏识等于没要求

赏识是在肯定孩子的同时用积极的方式鼓励孩子向前迈进，不等于没要求。

例如，"你的文章越写越具体，还用上几个好词一个好句呢。看看，还可以加几个吗？这样会更具体！"在鼓励的基础上提出一点点提升的要求，"跳一跳就摘到果子"，孩子会乐意接受，并为此努力。

现在很多家长讲快乐学习，就是让孩子听好话，让孩子学习轻松，不能给孩子压力，只要孩子快乐就行了。这种观点是错误的。要让马儿跑，又要马儿不吃草，那是不可能的。其实学习本来就是辛苦的，每天坐着听五六节课不辛苦吗？不花时间背书，哪会满腹经纶呀？但我们要善于引导孩子在学习的过程中感受学习的乐趣，感受成功的喜悦。快乐是一种体验，但快乐并不是不用付出！我们的赏识就是引导孩子感受这种经过努力、艰辛以后获得进步的快乐体验。

（三）盲目奖励

有的家长只有赏识却没有教育，那绝对是赏识孩子的误区。要知道，赏识一定是和教育引导连在一起的，更不能盲目奖励。

美国心理学家爱德华·德西（Edward L. Deci）曾讲述了这样一个寓言。

一群孩子在一位老人家门前嬉闹，叫声连天。几天过去，老人难以忍受。于是，他出来给了每个孩子10美分，对他们说："你们让这儿变得很热闹，我觉得自己年轻了不少，这点钱表示谢意。"孩子们很高兴，第二天孩子们又来了，一如既往地嬉闹。老人再出来，给了每个孩子5美分。5美分也还可以吧，孩子们仍然兴高采烈地走了。第三天，老人只给了每个孩子2美分，孩子们勃然大怒："一天才2美分，知不知道我们多辛苦！"他们向老人发誓，再也不会来这玩了！

在这个寓言中，老人的方法很简单。他将孩子们的内部动机"为自己快乐而玩"变成了外部动机"为得到美分而玩"。他操纵着美分这个外部因素，也操纵了孩子们的行为。这就是有名的德西效应。

德西效应在生活中时有显现。比如，父母经常会对孩子说："如果你这次考100分，就奖励你100块钱""要是你能考进前五名，就奖励你一个新玩具""你今天洗碗就给你1块钱"……家长们也许没有想到，正是这种不当的奖励机制，将孩子的学习兴趣一点点地消减了。

在学习方面，家长应引导孩子树立远大的理想，增进孩子对学习的情感和兴趣，增加孩子对学习本身的动机，帮助孩子收获学习的乐趣。当然，可以有一些小奖励，但不要泛滥。奖励可以是对学习有帮助的一些东西，如书本、学习用具、积分、小拥抱……而一些与学习无关的奖励则最好不要。

（四）没有批评，更没有惩罚

教育不可能只有称赞，没有批评和惩罚。孩子做得不够好，恰当的批评教育是必需的。不过，我们要批评的一定是孩子的行为，而不是孩子这个人。在批评教育的时候，家长要坚持正面教育，温柔而坚定。家长有兴趣可以看看《正面管教》，这本书将会给大家以具体的指引。

赏识、榜样、鼓励应该成为家长对待孩子的基本态度。家长永远不要错过任何一个欣赏、夸奖、鼓励孩子的机会。如果一时找不到欣赏与鼓励孩子的机会，要尽可能创造这样的机会，最大限度地调动孩子学习的兴趣与向上的积极性。寻找孩子被夸奖、被欣赏的理由，是家庭教育特别高的艺术。只要掌握了这门艺术，你一定会成为幸福的家长。

四、教育孩子，家人意见要统一

《中华人民共和国家庭教育促进法》第十五条规定：未成年人的父母或者其他监护人及其他家庭成员应当注重家庭建设，培育积极健康的家庭文化，树立和传承优良家风，弘扬中华民族家庭美德，共同构建文明、和睦的家庭关系，为未成年人健康成长营造良好的家庭环境。

家里教育孩子，谁说了算？很多家长一听就吐槽，因为家里一教育孩子就鸡飞狗跳。的确，教育孩子的时候，家庭成员之间在教育上出现分歧是常见的。如果孩子的爷爷、奶奶甚至外公、外婆也加入进来，每个人的认知和价值观都不同，教育的分歧就会更大。

我们一起来看看寓言故事《天鹅、大虾和梭鱼》。

有一次，天鹅、大虾和梭鱼想把一辆大车拖着跑。它们都给自己上了套，拼命地拉呀、拉呀，大车却一动也不动。车子虽说不算重，可天鹅伸着脖子要往云里钻，大虾弓着腰使劲往后靠，梭鱼一心想往水里跳。无论它们怎样努力，大车仍在原处，未动分毫。

看到这，大家有没有觉得像一些家庭的教育情景。爸爸说："孩子，你要锻炼身体，来我们去跑跑步。"妈妈说："作业还没做，先过来做作业。"奶奶听着，心疼地说："都上了一天课，多辛苦啊，快休息吧。"孩子该听谁的呢？结果谁都不听，是吧？有的家庭是这样：妈妈害怕孩子学习赶不上，给孩子报了好几个课外辅导班，而爸爸最反对增加孩子负担，经常教育孩子不要去。结果孩子迫于妈妈的压力去上辅导班，但每天得过且过，因为爸爸说没用，不需要学。

这时候，家庭成员之间一定要想办法处理这个分歧。如何处理，这里给大家几个小建议。

第一，确定教养孩子的第一责任人。这个必须由父母来承担，而不是老一辈。由于老人家的价值观念、知识结构，与现代社会多少会有代沟，隔代教育对孩子的个性发展难免会有一些负作用。

第二，做好分工和配合。生活的照顾老人家比较有经验，那就由老人负责。爸爸妈妈怎么分工？一般来说，妈妈给安全感，爸爸给力量感。妈妈多陪孩子，让孩子感受到充分的爱；爸爸多带孩子玩，进行探索、冒险等活动，培养孩子的独立性。当然，这个分工要视家里的实际情况来决定。总之，家里的每个成员各取所长，取长补短。

教育孩子有意见、分歧很正常，但是家长在孩子面前应该保持一致。爸爸教育孩子的时候，妈妈不要插嘴，就算爸爸的话不合理，妈妈也不要在孩子的面前说爸爸的不是，等爸爸教育完了再私下讨论。不然，妈妈常常在孩子面前说爸爸的不是，孩子就会觉得不用听爸爸的了，反之是一样的。我们有时还要在孩子面前夸奖对方。例如，"看，妈妈就是细心，爸爸没想到的妈妈就想到了。""数学方面，爸爸就是强！"……这样不仅能让家人感到温暖和鼓励，还能让孩子感觉到家庭的温馨和父母的恩爱，这对孩子长大后建立自己的亲密关系也有很好的榜样作用。

第三，真诚沟通。出现分歧，千万不要当着孩子的面争吵。我们尝试多听听对方的意见，真诚沟通，达成共识最重要。

家里有爷爷、奶奶，就更要注意了。他们都需要尊重，当他们的语言、做法不恰当时，父母不要在孩子面前直接指责他们，甚至嘲笑、辱骂他们。要知道，你的言行会告诉孩子，他们是不需要被尊重的，你们有没有发现很多孩子都不听老人家的话，这是一个主要原因。有时，老人家说得不对，我们可以私下跟孩子说，老人家老了，我们要尊重，我们要理解，我们要体谅。我们要以身作则，让孩子学会尊重和孝顺。

在教育孩子的问题上，家人要达成一致的看法。我们不但要赏识孩子，也要用赏识的眼光看待每一个人。孩子大点了，不妨召开"家庭会议"，一起商议家里的事情。例如，暑假去哪玩呀？孩子上什么兴趣班？爸爸想参加活动，妈妈和孩子有什么好建议？……与孩子一起来商量，减少代沟，促进家庭和睦。

五、家校携手，相得益彰

家长与老师都是孩子成长路上最重要的引导者，目标一致的同盟者。家校之间要互相信任，密切沟通，真诚合作。

（一）要信任老师

家长不要当着孩子的面议论或者指责老师。老师跟家长的目标是一致的，都是为了教育孩子。因此，家长要坚信老师所做的一切都是为了孩子。但一个班有几十名学生，老师不可能对每个孩子在不同时间、不同阶段的每一句话、每一个举动都关注到，也不可能与每一位家长的想法一致。孩子在学校遇到问题，如果需要老师协助解决，家长要及时与老师沟通。首先真诚地把孩子遇到的困难以及自己的看法或疑问告诉老师，然后耐心地听听老师的意见。如果双方的意见不一致，双方可针对孩子的特点，选择最适合孩子的教育方式。只有家长和老师共同努力，教育才有事半功倍的效果。

人无完人，老师在教育教学方面不可避免地会出现一些不足的地方。遇到这样的情况，家长不要轻易在孩子面前议论、抱怨老师："看，人家×班的老师多细心，你们班的那个就不够细心了""你们老师写的字不好看"……家长不经意的议论，给孩子带来的是对老师的不信任，甚至是对峙。"亲其师，信其道。"如果连父母都在孩子面前不尊敬老师，孩子又怎能做到尊师重道呢？所以，智慧的家长会适当帮老师在孩子心目中加分，即便真对老师有什么不满，也不要在孩子面前随意流露，而是及时私下跟老师沟通。

我们来看看下面这位家长。

一位家长去学校开家长会，听老师说了孩子很多缺点，回到家儿子问："老师又批评我了吧？""没有啊，老师还表扬你了，说你比前段时间更注重个人卫生了。"其实老师并没有表扬孩子，孩子一听家长的话，顿时对老师产生了好感："老师连我这么小的变化都发现了，看来老师很关注我，我不能让老师失望。"于是孩子渐渐喜欢上这位老师，成绩也在不知不觉中提高了。

这位有智慧的家长就是给老师在孩子心目中的印象加分，最终受益的一定是自己的孩子。

（二）理解老师，赏识老师

孩子需要赏识，有时家长也要学会用赏识的眼光看老师。既为人师，必有其可取之处，也必有其闪光之处。著名的陈美如教授曾在一次学术会议上现身说法。

有一次，她的孩子在她面前抱怨自己的老师。她拉着孩子的手说："孩子，这个世界上，老师大概有四种。第一种是学问好做人也好的老师。遇到这样的老师，要好好珍惜，好好学他的学问，好好学他的做人，这是机缘，是福分。第二种是学问好做人不怎么样的老师。遇到这样的老师，要好好学他的学问，不要学他的做人。第三种是做人好学问不怎么样的老师，遇到这样的老师，就要学他的做人，不学他的学问。第四种是做人不怎么样学问也不怎么样的老师，遇到这样的老师，就要好好自学，这也是机缘，也是福分啊。所以，永远不要说自己的老师不好！"

如果家长尽可能多地发现老师身上的优点，帮助老师在孩子的心目中树立起良好的形象，这样对老师的工作是一种支持，同时对孩子的进步也是大有好处的。

（三）积极沟通，真诚合作

家长与老师密切沟通，可以解决很多孩子教育上的问题。孩子在家的情况怎样，可以跟老师交流；孩子在学校的情况怎样，老师会与家长分享。老师会给家长出谋划策。但有很多家长总担心会给老师添麻烦，关于这点家长们可以放心，因为家长找老师是为了教育孩子，这是老师所希望的。老师们会很乐意跟家长沟通。例如，孩子最喜欢老师表扬，如果孩子在家自觉做作业，家长可以通过短信、微信告诉老师。老师知道了，在班里表扬孩子，孩子得到老师的肯定，在家里就更自觉了，这是良性循环。有些家长喜欢用老师来恐吓孩子，其实这个办法开始的时候可能有点效果，但时间一长孩子就不怕了，所以还是建议家长用鼓励的方法。

教育孩子，家长要处理好亲子关系。例如，家长要孩子背书，孩子随便读一读就背，错漏百出，就是不肯再读了，还对家长发脾气。这时，很多家长就会批评孩子、惩罚孩子，亲子关系很紧张。其实这个时候，家长可以借助老师的力量来教育孩子。孩子背书不过关，家长可以跟他讲清楚不背的坏处，若孩子不听，家长可以让他自己选择背还是不背，而且家长要告诉他，你只想帮助他。在孩子还是选择不背的情况下，家长也不必再强迫，就要悄悄与老师联系，请老师留意孩子的情况。老师第二天回去一检查孩子，当然会引导教育，少不了督促孩子回家要反复背熟。孩子这时就知道家长是在帮助他。有时借助老师的力量既教育了孩子，又能缓和亲子紧张的关系，更重要的是让孩子明白，家长是在帮助他。

（四）做老师的"助教"

家长还可以是老师的好"助教"。例如，一年级刚进学校，有些孩子坐不住，学知识大打折扣。家长们可以每天回家跟孩子玩10分钟"上课小游戏"——就是家长和孩子轮流当老师，在游戏中也能训练孩子坐的习惯和听的习惯。有了"助教"的帮助，孩子很快就适应了学校的学习生活。只要做到家校好好沟通，一起想办法，我们的"助教"不但帮助了老师，更重要的是帮助了自己的孩子。

培养孩子良好的学习习惯，更需要"助教"来帮忙。《中华人民共和国家庭教育促进法》强调：父母要更多关注未成年子女良好学习习惯、行为习惯、生活习惯的培养。"双减"政策的落地，家长欣喜地看到党和国家对教育"内卷化"的动真碰硬。但如果认为"双减"之后，孩子"放养"，家长"放飞"，那就错了。"双减"之后，教育回归学校，父母也要回归家长的角色。因此，我们首先要培养孩子良好的习惯。

首先给孩子创造一个安静、宽松的家庭学习环境，使孩子有一个高度集中自己思想的小天地。有的家长让孩子在大厅学习，自己在旁边看电视，甚至打牌，这样孩子能静心学习吗？

培养孩子良好的生活习惯很重要。与孩子一起制定作息时间表，其实就是给孩子定生活和学习的规矩，即什么时候学习，什么时候玩，什么时候休息。孩子需要学习规划。计划注意劳逸结合。因为爱玩是孩子的天性，我们不能剥夺孩子玩的权利。孩子不玩痛快，学习时就不会很好地集中思想，也不会精力充沛。

规则意识从小培养。家长与孩子一起讨论，一起制定规则，孩子的执行力会更强。定期召开家庭会议来完善规则是一种不错的方式。规则要说到做到，不能只说不做。当然，执行过程中必须与孩子积极沟通，坚持温柔而坚定的正面教育。

孩子还需要关注、鼓励和引导。有些家长说："现在孩子学的知识我们很多都不懂，怎么关注引导呢？"其实，家长的知识水平并不影响孩子的学习成绩，影响孩子学习成绩的是家长的观念与做法。例如，培养孩子认真的习惯，家长要关注孩子是否认真地在做。孩子养成了认真学习的态度，学习成绩能不好吗？家长又问："孩子不认真怎么办？"家长指导孩子认真做呀！而不是罚做，不是罚多少遍，只要认真写，一次就可以了。如果从小家长就这样严格要求孩子，孩子慢慢就会养成认真学习、认真做事的习惯，到时候还需要担心孩子的学习吗？

不单单在做作业上要培养孩子认真的习惯，在平时每一件细小的事情上也要如此。例如，孩子画画，可能一些家长认为这跟学习没关系，就不关注，孩子马虎了事也不教育。有的甚至说："哎，随便画画就可以，你还是留时间学习吧。"其实那位家长并不知道，我们培养的是孩子认真做每一件事情的态度。如果画画可以随便，那上课也可以随便，做作业自然也可以随便！要知道，做事的态度是陪伴孩子终身的。

六、好习惯要坚持

"与其给孩子金山、银山，不如给孩子好习惯。"好习惯可以让孩子终身受益。有专家提出，21天养成一个好习惯。

第一阶段：1～7天。这个阶段孩子的表现会"刻意，不自然"。这时孩子会觉得有些不自然、不舒服，这就需要家长经常提醒孩子。因此，这时候如果家长能理解孩子，继而想办法鼓励孩子，就能有效地帮助孩子养成习惯。

第二阶段：7～21天。不要放弃第一阶段的努力，继续重复，跨入第二阶段——"刻意，自然"的阶段。孩子已经觉得比较自然、比较舒服了。但是如果家长不重视，一不留意孩子还会回到从前。因此，这个阶段更需要家长关注，最好用积分等机制来激励孩子。

第三阶段：21～90天。这个阶段孩子慢慢就会表现出"不经意，自然"，这就是习惯。这一阶段被称为"习惯的稳定期"。一旦跨入此阶段，孩子就已经完成了自我改造，这项习惯可以说已经成为孩子生命中的一个有机组成部分，它会自然而然地为孩子"效劳"。当然，以后也会有反复，家长需要坚持关注、鼓励、引导。

　　好习惯，坏习惯，均是如此，都是在不断重复中慢慢形成的。

　　心理学家研究指出：一项看似简单的行动，如果能坚持重复21天以上，就会形成习惯；如果坚持重复90天以上，就会形成稳定习惯；如果能坚持重复365天以上，想改变都很困难。同理，一个想法，如果重复21天或重复验证21次，就会变成习惯性的想法。

　　成功就是简单的事情反复地做。之所以有人不成功，不是他做不到，而是他不愿意去做那些简单而重复的事情。因此，只要你开始做，并一天天地坚持下去，就会取得意料之外的效果。要想孩子坚持，家长先要坚持。记住，家长的坚持就是孩子的坚持！

携手共营，建立家校新关系

在传统的家校合作中，学校对家长的开放程度有限，家校合作欠深度和广度。在家庭与学校的关系中，家庭更多地处于一种被动状态，家长对学校的事务，孩子在学校的学习、生活往往知之甚少。这对家校之间的合作产生了消极影响。同时也无法让家校合作寻找到共同的切入点。这就要我们建立与发展家庭、学校和社区等多方教育主体之间的新型合作伙伴关系。新时期的学生健康成长需要探索科学的、行之有效的家校共育模式。

一、家校沟通

教师与家长之间的沟通成功与否，对学校与家庭教育"工作战线"的统一起着不可忽视的作用。班级作为家长最常接触的教育场所，营造良好的沟通氛围就十分重要。

（一）提供多元化沟通平台，搭建具有质感的家校联系桥梁

社会在变，家长也在变，老师与家长的沟通方式更需要变。以前老师要与家长沟通，要么请家长到校，要么等每学期一次的家长会，不然就必须登门家访了。那时候骑着自行车，挨家挨户去家访，费时费劲，而且自行车还很容易弄丢。后来有了电话，方便了很多。随着

科技越来越先进，QQ、微信、腾讯会议……让老师和家长沟通越来越便捷；随着社会的发展，亲子活动、家访沙龙、创新家长会……让老师与家长沟通的方式越来越多，越来越人性化，而且越来越受到老师、家长的青睐。为了搭建具有质感的家校联系桥梁，需要提供多元化的沟通平台。

在网络信息高速发展的新时代，老师与家长开展及时、有效的双向互动交流就更为方便了。为了进一步推动家校共育的实施，通过组建微信群、QQ群等开辟新渠道，在唤醒家庭教育的同时，有效地促进了家长与教师、家长与家长、家长与孩子之间的真情互动和了解。

1. QQ群、微信群在线——引导"舆论"风向标

随着QQ、微信等网络社交软件的普及，"班级微信群"逐渐成为班级不可或缺的交流平台。家长能在网上与孩子的任课老师展开双向便捷的交流。老师拍摄了学生在校的视频，家长能及时地了解到孩子的表现。家长也可以把孩子在家积极的一面拍照上传给老师，例如，背诵古诗、做家务、做运动……营造良好的育人氛围。每个孩子的家庭教育环境和能力各不相同，彼此之间存在差距。例如，有些家长缺少育儿理念及经验，但也有一些家长倾注教育，钻研教育，积累了不少家庭育儿的实践经验，很有借鉴作用。大家在群里可以分享优秀的教育故事、教育方法，大家一起阅读，一起谈心得。这样既可以营造良好的育人氛围，又能起到积极带动的作用。再如，有家长谈到练书法能让孩子静心，并倡议家长与孩子一起练书法，于是好些家长加入练书法的行列，还时不时在群里展示他们的作品，练书法之风慢慢在班里兴起。还有一些家长在群里说，上了三年级，孩子回家做作业的速度快了，但是马虎了，不爱检查了。其他家长会就此现象互相支着儿，老师在群里了解到了，也能及时针对这些情况，组织孩子上

主题班会课，并在微信群附上教育孩子的方法。这样，老师可以利用班级微信引导班群"舆论"风向标，提高班集体凝聚力，形成家校教育合力。

2. 短信平台——精准交流，沟通互补

"短信平台"一个相对隐秘而又适时、适度的舒展空间，让家校联系得以深度延伸。由于它具有相对隐秘性，因此，当家校双方互相有困惑时，或当班上个别同学出现情况时，通过短信交流，可以避免面对面的那种尴尬，还可以精准地和孩子或家长进行沟通，这使家校关系变得更和谐。

例如，老师给家长反映孩子在学校的情况：

"这一周孩子上课积极举手发言，值得表扬！"

"孩子最近上课精神不够，请您留意是否晚上没休息好……"

通过这样的信息沟通，让家长能及时了解孩子的表现，及时配合老师进行表扬或引导教育。这一般都很有用，被表扬的孩子第二天回来总是笑眯眯的，上课特别来劲；而被提醒的孩子会比之前好一些。然后班主任就可以及时给家长发信息："今天，孩子进步了。加油！"

有时，班主任还可以根据孩子和家长的实际情况，在后面附上一些教育的小点子。比如：

"今天老师已经狠狠批评了孩子，回到家您不必再狠批了，可以和孩子一起找原因，帮孩子找到克服缺点的办法。"

"给孩子最大的奖励莫过于让老师知道孩子的进步，所以孩子表现不错或进步了，您不妨给我打电话或发信息。"

这样一来二往，老师与家长沟通多了，家长也愿意跟老师沟通，沟通的渠道就打开了。当然，沟通的内容一定会是五花八门的。

有求助的：

"老师，您好，孩子每次作业都是很不认真，擦了再写还是写不好，说多了还不准我看，天天做到很晚才做完，真是很头痛！"

"老师，孩子近期反叛得很，暴躁得很。不是她想的那样，动不动就暴躁，扔东西、骂人，还不停地重复她想怎样的话。昨晚因买作业本的事情吵了一个小时，日记都没有写。今天放学说被批评了，一拿起笔记本就立即烦躁，'怎么写啊？怎么写啊？开学了写什么呢？'我教她写第一天的见闻。她说无见无闻，只会不停重复'怎么写，怎么写'。我没有办法不理她，真的很伤心。我担心她会不会患了暴躁症或强迫症。打扰了，苦恼的妈妈。"

有报忧、投诉的：

"老师，最近孩子回家总是要看卡通片，他说同学都在看。他一看就停不下来，作业每天都马虎完成。我很是担忧。"

"老师，孩子回来哭诉同学把她的书藏起来。班里的孩子怎么这样？"

也有报喜的：

"老师，今天晚上孩子主动提出要说普通话。她说得很好，希望她坚持，在学校同样能用普通话与同学沟通。老师的话真有用！"

"老师，孩子今天做作业很快，而且字写得很认真，前所未有！谢谢您，老师。"

收到这些信息，老师们或许会觉得挺辛苦的，下班也要回复。但这是家长对老师的信任，老师与家长一起商量对策，和家长一起想办法解决问题。问题解决了，家长家庭教育的水平提高了，孩子的教育问题就迎刃而解了。这还会给班级管理带来帮助，那老师又何乐而不为呢？

还有：

"老师，孩子今晚做作业变得专心了，写字也很认真，不像以前那样拖拖拉拉。麻烦您明天表扬一下。"

"老师，请您明天表扬孩子，他今晚写作业更认真了，35分钟就全部做完，还能自己检查。整个过程很认真，没有中途分心做别的事。希望他能坚持更长时间。谢谢！"

……

看到这些信息，老师一定会特别开心、特别满足，这一切都归功于家校的及时沟通，互助共赢！

（二）家访——立体全面相互了解

成功的家访有助于在家庭与学校，家长与教师、学生之间建立一种"理解、互信、共赢"的合作关系，能更好地建立起一个健康的家校互动机制。家访是家校合作最为传统的形式。老师在新接班时，需要通过与学生、与家长交流，了解每一个学生的家庭状况、学习环境、学生的个性以及在家的表现，了解更真实、更全面的学生情况，也了解家长的希望、要求以及教育方法等。同时这种交流也帮助了家长树立正确的教育理念，解决家庭教育方面的一些困惑，增强家长的责任意识和信任度，让家长更有信心地和学校携手共同做好学生的教育工作。

1.家访的"魔力"

"十次电话交流，不如一次面谈。"的确如此，家访是有"魔力"的。我教过一个孩子E同学，他精力非常旺盛，每时每刻都在逗同学玩。无论上课、排队、做操……总之，他随时都会想到各种各样的办法逗同学玩，惹同学生气，那样他就觉得特别开心。你完全没办法理解，他总会想到各种各样的"玩招"。曾在一节数学课上，老师在台上津津有味地讲课，不知怎么的，有两个孩子在下面就吵起来了。一个男孩子说前面的女孩子把一个大纸团扔到他那里，于是男孩子把纸团扔了回去，女孩子很生气，又把纸团扔了回去。一时之间，课堂就乱起来了。老师批评了他们俩，可他们俩都说纸团不是自己扔的，都委屈地哭起来。

后来，我一调查，那两个孩子都没说谎，纸团的确不是他们俩扔的。我找了附近几个孩子"取证"，发现"罪魁祸首"是E同学。但你们知道吗？E同学根本不坐在那两个同学的附近，他是如何做到的呢？原来数学课上了一会儿，E同学玩心又来了，于是趁同学都在专心听课的时候，以极快的速度把纸团扔到远处的那个男同学那里，然后蹲下，用一把尺子打了一下离他近一点的那个女同学，那个女同学身体微动，就造成纸团是女孩扔出的假象。而他自己则装得很专心的样子继续上课。问他为什么，他说觉得好玩。他就是想让老师误会那两个同学在玩并批评他们，那他就觉得很开心。

面对这个孩子，我真的很头疼。批评他、教育他，他总会点头。让他反思，但回头又继续调皮。记得一次课堂上，我请他上讲台拿个本子。我低头拿支粉笔后一抬头，发现本来坐在第一个位置的他不知什么时候已经走到教室最后面了。我问："你去那儿干什么？"他说："我想去吓一吓最后的同学。"

针对E同学的情况，我经常与其家长在微信上、在电话里交流、沟通，一起找原因，想办法。同事经常笑称，你跟他爸爸每天一条信息，几天一个电话，就像亲人一样。但，效果仍然不大。

那一天，我约E同学的爸爸坐下来一起聊聊孩子的事。他爸爸说着说着就提到孩子最安静的时候就是看《猫和老鼠》，一看几个小时也不会动。听着听着，我突然想起，孩子在学校的行为多么像卡通片里面的那只老鼠啊。他家长还说，孩子从小就喜欢看这部动画片，每天都要看，百看不厌，还经常学着老鼠到处逗大人追他来玩。长这么大，孩子基本不看其他电视节目，就只看《猫和老鼠》。这时，我恍然大悟——孩子"中毒"太深啦！他每天潜意识地模仿老鼠逗别人玩。我把我的想法跟家长交流，家长也感觉是这么一回事。于是我和家长一起商量如何正确引导孩子选择更多更有意义的电视节目观看，引导孩子多参加运动、多亲近大自然。经过一段时间的引导，E同学虽然还是比较贪玩、好动，但逗同学玩、制造恶作剧的事情渐渐少了。这可真是那次"面谈"的功劳！

不过，大家得注意的是，家访要尽量避免"告状式"的，不仅家长不喜欢，孩子也会害怕。老师们可以换一种方式跟孩子说："谁进步大，老师就去他（她）家家访。"而孩子常常会问："老师，您啥时候到我家家访啊？"这样，家访成了孩子的一种荣耀。

2. 家访的新探索

基于有些家长会因为个人隐私、家住太远等不希望老师家访，我们可以对家访形式做新的探索。家访沙龙是现在的一种新型的家访形式。它是通过组织几个家庭的小型聚会，针对学生的问题，让家长之间相互交流教育孩子的经验和困惑，并在老师的指导下，让更多的思想火花进行碰撞和升华，从而让家长和教师明确了行动目标，也帮助教师、家长找到了问题解决的思路和方案。家访在老师和家长、学校和社会之间架起了一道五彩缤纷的心灵彩虹。一家家真心实意的热情接待，一番番和风细雨的情感交流，一场场深入人心的亲密接触，拉近了学校、社会、家庭的关系，增进了老师与家长、学生的感情，促进了家庭教育与学校教育的互动。家访，这一平凡而有效的教育手段正在重新绽放光彩。

3. 家访注意事项

（1）家访要有准备。

家访前，要认真备课，做好充分的准备。老师们需要做大量的准备工作，通过查看档案资料等各种途径熟悉孩子生活、学习的情况，充分收集、整理信息，并发现问题，从而对孩子有充分的了解。在家访时，将重点提炼出来与家长共同探讨。事实证明，有明确的目的性是家访成功的一个重要条件。

（2）家访要及时。

实践证明，任何事物的发展都有一个关键点，有利时机是成功的重要保证。在特定的时间内进行家访可以取得事半功倍的效果。如新接一个班级、学生情绪出现异常、学生成绩下滑、家长遇到困难等情况下及时进行家访，可以融洽师生关系、老师和家长的关系，以形成教育合力，促进学生身心健康和谐地发展。

（3）家访要讲究艺术。

家访是教育学生的重要手段，要讲究艺术。家访的艺术是每位老师所必须掌握的。

讲究礼仪：与家长谈话的时候，集中精神聆听，先听后说，把握分寸。

先扬后抑：家访时要先鼓励、表扬，后指出问题，商讨对策。

平等互信：家访时应该创设和谐的氛围，形成一个平等、互信的氛围。

时间充分：家访时一定要有充足的时间与家长沟通交流，注意质量，不求数量，不赶时间。

如果家访能做到有准备、有目的、沟通及时、沟通有艺术，就能达到事半功倍的效果。这样的家访，会让家长对孩子充满信心，对老师尊敬信任。

（三）家长会——家校沟通的好时机

1.家长会的准备工作

（1）什么时候准备？

很多老师是在家长会召开前的几天甚至一个晚上来准备。其实，用一个晚上的时间准备与家长交流几十个孩子各方面的情况是远远不够的。建议老师们在平时就要为家长会做准备。日常班级里出现的一些现象，老师觉得需要与家长交流的，就可以在笔记本上记下来，手机上的备忘录就可以随时随地记录。看书的时候，看微信的时候，刷视频的时候，看到适合的素材就积累起来。这样，开家长会时就更有针对性。

（2）准备什么？

首先，准备家长会的主题，即通过这次家长会，需要达到什么样的目的。是以交流孩子的学习生活状况为主，还是引导家长如何做好孩子毕业前的准备工作为主……只有明确了主题和目的，才能围绕这个主题组织家长会。

其次，确定家长会的流程。从家长的召集、准备开始计划，到会议的发言顺序、总体时间的把握等多个方面进行明确。通常以时间为顺序，把会议涉及的人、事物尽量明确下来，如明确发言的顺序，明确讨论的范围，明确会议的整体进行时间等。明确的流程，将帮助老师尽量避免疏漏和掌控会议全程。

最后，拟定家长会的内容。经常听到老师们说，已经教了孩子几年了，没有什么话说了。教了几年就无话可说？那老师一定还是不知道家长会要讲什么了。我们想象，家长最想听什么？家长最需要听什么呢？家长最想听的一定是孩子的学习情况以及关于孩子教育的建议；家长最需要听的是孩子每个年龄阶段的年龄和心理特点，以及相应的教育对策。因此，老师在家长会上除了向家长汇报孩子学习的情况以及提出相应的建议以外，还需要告诉家长，这个年龄段的孩子有哪些身心发展的特点，应该如何指导孩子适应学习生活、培养学习习惯，如何与孩子进行有效沟通，等等，并与家长探讨本阶段孩子的身心发展特点，给予家长一些科学的育儿指引。老师们是不是会发现无论你教这个班多长时间，家长会每年都需要有新的内容。

2. 家长会的形式

家长会形式多样，不仅可以分为展示式、座谈式、分享式、研讨式等，还可以分为线上的和线下的。线上的家长会可以加入微分享、微视频等新的元素，这让家长会变得更有实效，更受欢迎。

二、家校合作

孩子的成长不仅需要老师的教导，还需要家庭的关心和爱护。学校教育需要家庭的支持，家庭教育也需要学校的帮助。因此，建立有效的家校合作关系至关重要。学校与家庭携手共营，建立家校新关系，能够弥补学校教育和家庭教育单方面存在的不足，使家庭教育更科学，学校教育更灵活。

（一）以"家长讲堂"为突破口，构建"班级品牌"

无论班主任的沟通多么高效，如果家长感受不到班级的变化和孩子的进步，所有的"艺术"最后都是空话。为了确保班级和孩子们有不断向上的变化，就需要做出班级的特色，那就是要构建"班级品牌"。涌现出的一个个"班级品牌"就是班级不断进步的证明。家长是一个很大的资源库。以开展"家长讲堂"为突破口，通过挖掘家长资源，邀请有特长、有专长的家长进学校、进课堂，为家长授课，为学生授课。在实践中，老师可以以习惯养成、阅读分享、环境保护、弘扬传统文化、志愿服务等方面为切入点，开展"家长讲堂"。通过"家长"变"教师"的形式，一节节"家长讲堂"生动地展示，一个个品牌由易到难，由块状构建到整体结合，逐渐打造成为"班级品牌"。

（二）开展亲子活动，提升班级幸福感

家长是孩子最亲密的人。孩子很容易在家长身上得到爱，感受到幸福。苏霍姆林斯基说："没有活动就没有教育。"为了营造一个积极向上、友爱的幸福班集体，班级与家长可以携手合作，开展各种亲子活动。多彩活动的构筑，编织起立体式教育的网络，让学生在家长和同学的陪伴下，逐渐懂感恩、乐分享，成长为有自信、身心健康的阳光小学生，同时感受到班集体的温暖，提升班级幸福感。

1. 亲子共游

大朋友、小朋友相聚户外，远离都市喧嚣，放下课本，融入自然，通过一次次户外活动加强班级凝聚力，增进亲子感情。亲子共游的活动既增进了亲子之间的感情，又促进了师生之间、家长与家长之间的情感倍增。

2. 亲子共读

推进经典诵读工程，倡导家长和孩子共读一本书，同写一篇心得体会，共创"书香家庭"。例如，家庭内每周开展一次"家庭读书汇报会"活动，每个家庭成员要集中汇报一周以来的读书体会，并做好记录、评价。换一本书，交一个友，鼓励学生家庭开展"好书交换看"活动，这不仅可以让更多人读到好书，还加深了家庭之间的友谊。在书这个精神食粮的引领下，在家长的支持下，必将产生一大批"书香家庭"，让家长们和孩子们都浸润在书香之中。

3. 亲子共进

为了让在温室里成长的孩子学会感恩、学会分享、学会珍惜，组织家长与学生开展了各种各样的亲子活动。为了给学生创设成长的舞台，丰富他们的校园生活，学生与家长共同成长。一次次活动，一段段经历，是一首首师生共进、亲子共进的歌。

（三）发挥家长委员会的作用，增强班级凝聚力

家长是一个很大的能源库。为了促进班级与家庭教育整体水平的提高，为了更好地开展有效教育资源的探索与实践研究，老师可以通过志愿报名的形式成立家长委员会。老师与家长一起起草家长委员会的要求、工作职责、工作方式、工作分工以及工作制度等。家长委员会代表对家长委员会进行了定位上的调整，从以前对学校强调"监督"转变为强调"支持和配合"。家长委员会代表通过召开家长委员会或组织活动，让家长委员会成员明白了所有的问题都是我们共同的问题，需要老师与家长一起面对、共同参与，以合作替代监督，效果往往更好，这样，班级工作就能有条不紊地进行。

家长委员会在正面引导家长培养孩子中发挥着很大的作用。他们关心支持班级教育教学工作，积极参与班级管理，为班集体的建设出谋划策；积极参加班级、学校以及教育系统组织的各项活动：学校运动会上有的家长当上了组织者，有的家长当上了裁判员，有的家长和孩子一起当上了运动员，还有的家长根据自己的专长当上了后勤员。教育教学活动、家校开放日活动也经常请家长委员会代表当志愿者参与到班级活动中。在家长委员会代表的带领下，全班家长也慢慢参与到班级的建设当中。例如，在阅读部落的活动中，家长为活动做策划，提供场地，照相……有了家长的参与，孩子们在家长的潜移默化中感受到了爱，感受到了集体的温暖，从而增强了班级的凝聚力。家

校新关系，成为班级文化建设中一道亮丽的风景线。

三、结语

家长和老师通过互相理解，友好沟通，互相合作，让每一位家长了解教育、理解教育、支持教育，并且凝聚家长的力量参与教育的整个过程，一起走进孩子的心灵，共同搭建孩子成长的精彩舞台，是我们不懈追求的教育理想。

建立家校新关系，在深化学校德育工作改革的同时，不仅丰富了学生的校园生活，而且丰富了学生的精神世界。这使学生的生活态度更乐观，生活方式更健康，生活信念更积极，促进了青少年的健康成长，促进了学生整体素质的提高，同时使班级的精神面貌积极向上，逐步形成良好的班风。

建立家校新关系，实现家校合作共育，也给家长们提供了一个重要的学习机会和成长平台。各种家校亲子活动，让亲子之间因为成长而愉悦，使孩子和家长的关系变得和谐，家庭生活因此更加幸福、完美。

建立家校新关系，改变学校的生态，提高了父母对学校教育的满意度。教师可以更加全面、客观地认识学生，学习与别人交际的能力，推动合作向更好的方向发展。教师的本职教育生活因此幸福、完整。

浅谈家校有效沟通的策略

我国现代教育理论倡导由学校、家庭、社会等各方共同教育学生。共同教育即合作，而良好合作的前提则为有效沟通。班主任作为学生在校期间的主要责任人，家长作为孩子成年之前的主要监护人，通过探讨如何转变双方的沟通意识和行为、扩展双方沟通的深度和广度来形成教育合力，是帮助学生健康成长的关键所在。

班主任与家长的良好沟通和合作，会对学生的健康发展产生有利影响。然而在不同的管理制度、不同的班型下，如何进行有效沟通是学校、班主任以及学生家长共同关注的问题。因此，家校双方树立科学的沟通理念，遵守必要的沟通原则，制订合理的沟通计划，保持合适的沟通频率，对提升家校沟通有效性具有重大作用。

一、家校双方树立科学的沟通理念

平等、尊重是一切良好沟通的基础。家校沟通中教师和家长应该是一种合作伙伴关系，肩负着帮助学生完成全面发展的伟大责任。这种关系的维持，家长和老师必须相互尊重，处于平等地位。

在进行家校沟通时，家长要积极支持老师的工作，同理，老师也要换位思考，多站在家长的角度看待问题。家长和老师在对孩子的教育问题进行沟通时，即使产生意见分歧，也应该有统一立场的默契，在不违背教育孩子的目的的基础上，相互尊重、平等协商解决问题。家长和老师双方在相互尊重、理解、地位平等的基础上完成家校沟通，方能达到家校共育的效果。

二、家校双方遵守必要的沟通原则

沟通虽为人与人之间交往行为的基础表现，但沟通时的语言、行为、环境等都会对沟通结果造成影响，会给沟通者带来不同的感受。真正实现有效沟通，必须从思想上和行动上重视与运用沟通艺术。班主任和家长作为家校沟通的主体，有必要讲究沟通的艺术，使双方建立和谐的沟通关系。

（一）相互尊重的原则

有很多家长、老师都觉得学校是老师的地盘，而不是家长的。大多数家长进入校园、班级会觉得拘谨，好比鱼离开水，有一种强烈的陌生感。一旦持有这样的想法，从最开始就会使家长和老师处于不平等的地位，更谈不上相互尊重了。要想使双方的互助关系维持下去，彼此间的尊重是不可或缺的。为保证沟通双方能够互相尊重、互相扶持，就要从以下几个方面做起。

1. 要懂得倾听

倾听是建立有效的、互动式交流的关键所在。倾听不只是一种生理活动的表现，还是带着一种目的性去理解、思考人心的生命活动，更是一种对人表示尊重的美德。作为班主任，应倾听家长表达的每一个想法，不将自己的想法强加于家长身上，了解他们内心的困惑，才能从中捕捉到有效信息帮助家长思考和分析。反过来，家长也要虚心听取班主任给孩子及自己提出的建议，在对班主任的工作给予充分支持和理解的同时可以表达自己的见解。当双向的交流开始形成，而不是家长被动听班主任"说教"，每一方都能真诚地听到另一方的诉说，并且做出适当的反应时，双方的信任和尊敬就开始建立起来了。

2. 要心怀真诚

班主任和家长的沟通是信息互换、双向交流的过程。只有班主任的真诚付出、以心换心，从细节体现对学生和家长的关心与帮助，才能换来学生家长的放心和交心。例如，有学生感冒，班主任应督促学生多喝热水、注意休息，并将学生一天内身体状况的变化在放学时转达给家长。同时，只有家长对班主任充分信任并积极配合班主任的教育工作，才能使班主任与之心心相印。

3. 要地位平等

这一点特别是针对班主任来说，要善于换位思考。无论家长的文化水平程度如何，无论家长的社会地位是高是低，无论是否喜爱该家长的孩子，班主任都要平等对待每位家长，不抱有成见，并在沟通中使家长处于和班主任平等的地位，而不是被动参与沟通。

（二）因人而异的原则

班主任要认识到受性格、家庭环境、受教育程度、工作情况等因素的影响，每位家长也都是不同的。班主任要在与家长不断的沟通中了解家长，针对不同类型的家长选择不同的沟通方法，才有可能取得理想的效果。

有一类家长特别重视孩子的教育问题，无论他们多忙都会抽出时间陪伴孩子，为了孩子更好地成长，他们随时都做好了与班主任沟通、向班主任请教的准备。这一类型的家长往往是最容易沟通的。班主任只需指出学生在学习、成长中存在的问题，告知家长班主任的教育理念，指导他们如何进行家庭教育，家长便会及时改变教育观念和方法，积极配合班主任的工作，在一天天的观察中发现孩子的改变，争取让孩子取得更进一步的发展。

有一类家长更重视孩子的吃穿住行问题，往往是当孩子的学习成绩下滑或与其他同学产生矛盾被班主任请到学校时，才与班主任简单沟通。与这种类型的家长沟通后，往往在学生身上看不到什么太大的改变。这就需要班主任用足够的耐心和恒心来指导家长。当学生有所进步，就要立刻告知家长孩子的进步；当学生表现欠佳，也要立刻与家长一同分析原因，并探讨解决办法。让家长感受到自身的价值。

还有一种家长很"怕"班主任，怕班主任向他们提出特定的要求，怕班主任向他们"告状"。这种类型的家长很少主动去与班主任沟通。遇到这样的家长，班主任应主动、热情地对待他们，创造轻松的聊天氛围。首先要肯定家长们对班主任的支持和配合，之后再婉转地指出孩子或是家长存在的不足之处，并给出合理化意见。让家长信任老师，慢慢适应与老师的沟通。长此以往，当家长再遇到困难时，便会主动与班主任联系了。

（三）恰到好处的原则

首先，班主任和家长的沟通要适时，即需瞅准时机，把握火候，抓住最佳的沟通时机。有的沟通需要在不好的苗头刚刚出现时立马进行并及时商讨解决对策，以便防患于未然。这就使得班主任和家长要善于观察，能够及时发现学生身上的变化。还有的沟通体现在学生身上的问题短期看来不会产生太大的消极影响，沟通双方可先观察一段时间，待时机成熟再做出应对措施。但这个时机也是因人因事而异的。

其次，班主任还应营造出舒适、和谐的沟通氛围。请家长到校沟通时，要考虑家长的个人因素，选择合适的沟通时间和地点，尽可能达到最佳效果。营造宽松的谈话氛围，使家长和班主任都能够理性沟通，不带有任何情绪。班主任亲近家长，真诚对待家长，家长才会没有距离感，便更容易敞开心扉。

三、家校双方制订合理的沟通计划

俗话说，预则立，不预则废。从调查情况来看，很大一部分家长及教师对沟通的时间观念把握不准，对沟通缺乏计划性。为了促成沟通目标，无论是教师还是家长，在进行家校沟通前都应做好计划，这是沟通顺畅的前提。家校沟通后，及时归纳出学生的缺陷所在，进而制定具有针对性的教育措施，促进学生的全面发展，这是家校沟通的出发点所在，也是其价值体现。具体来说，应做到沟通前的计划和沟通后的跟进。

（一）沟通前制订沟通计划

如果在有限的时间内抓不住想要表达的重点，沟通就会流于形式，没有意义。所以，在沟通前做好规划是十分必要的。沟通双方应考虑沟通的时间、地点、具体内容。可将要沟通的问题进行汇总，考虑好如何用简洁明了的语言向对方阐述问题所在，就问题产生的原因提前进行思考，以便沟通时交换意见，并积极表达想要得到什么样的帮助或指导。

（二）沟通后商讨解决策略

沟通也是为了解决问题。当班主任和家长在了解情况之后，制定策略帮助学生改善现状是沟通的意义所在。沟通后立即制定改进策略。在制定措施时，班主任和家长可以参考学生意见，立足于学生实际认知情况，使措施更具操作性和科学性。制定措施后就要将其付诸实践，只有通过实践，才能发现措施是否行之有效，才能让家长和班主任都看到积极沟通后的成效，也会使沟通变得更有效率。

例如，班级里有一位"淘气"的女孩，即使在课堂上，她的手里也一定要摆弄点什么，班主任多次提醒无效，便在下班后联系了该生家长。交流后双方统一认为是家长给女孩买的文具太过独特，让女孩爱不释手，才会总想去摆弄它。班主任则当即提出给孩子的文具换成最普通样式的意见，家长对此也表示赞同。第二天该生便带来了"新文具"，在班主任的监督下，她的行为也有了明显改善。可见，班主任与家长之间的真诚沟通、提出有效的策略，这些都是连接家庭与学校之间的桥梁。这些桥梁会使教育变得更有效，会使学生更受益。

四、家校双方保持合适的沟通频率

及时的沟通对家校教育会产生良好的效果，在调查中，52%的家长及60%的教师一学期参与的家校沟通只有1~2次，有的家长甚至没有主动与教师进行家校沟通。这说明多数家长参与家校沟通还不够，效率比较低，部分教师及家长经常在学生出现严重违纪问题时才临时进行沟通，这样的家校沟通具有突发性，是由于面临客观情况而进行的沟通，虽然把握处理问题的及时性，但这种沟通只能视为解决特殊情况的沟通，而非常规有序的家校沟通。

学校和家庭是儿童生活的主要场所。学校教育对儿童的影响是主导性、系统性的，家庭教育则对儿童产生先导性、持久性的影响，若能将学校、家庭这两股不同的力量汇聚在一起，形成教育合力，将处于萌芽期的儿童放入这股合力中，教育的效果必然会锦上添花。

同理心视角下的家校沟通技巧

一、案例：台风天气里的一次交流

台风天，早上6点半，学校依据气象部门的通知发出相应的停课通知。

伊妈妈和班主任老师有一段QQ交流：

伊妈妈："莫老师你好！我家伊坐公交车去学校了，现在还没有回家。"

莫老师："伊妈妈你好！我现在也在家里。不清楚学校的情况。"

伊妈妈："我们家离学校远，她去学校的时候还没有发出停课通知，这么半天她也没有给我打电话，想去接她，又怕来回错过。"

莫老师："学校里有领导值班的。你可以联系一下。"

伊妈妈："我希望学校以后不要临时放假。发停课通知应该要早一点。"

莫老师："天气恶劣，学校也是关心孩子安全。而且，这样的事情往往具有突发性。再说遇台风停课也是国家的规定，和学校没有关系。你和值班室联系一下吧。"

伊妈妈："电话没人接！学校有问题啊！"

莫老师："涉及学校形象的话题，我个人不愿意做评论。请你理解。"

伊妈妈："临时停课，也不考虑去上课的孩子。对人漠不关心，哪里像是老师！"

莫老师："你这话就有点过了。我认为绝大多数老师是心地善良的，也愿意帮助学生。遗憾的是，今天老师们都不在学校，我也鞭长莫及，帮不上你的忙。"

伊妈妈："我的话不过分！我就是不爱听'我帮不上你的忙'，我没有要你们帮忙。"

二、分析：家校沟通中教师的"失误"

这是一则失败的家校沟通案例。

失败的主要责任在于莫老师。虽然遇台风停课是不可抗拒的因素，但是面对一个风雨中孩子还在上学路上的家长来说，多少显得有些冷漠，老师言说有一定道理，可缺乏情感，而且处理不当，造成了家长怒气冲天，怨恨学校和老师，造成了家校关系的紧张。

上述案例是家校沟通中的个案，虽然不一定是普遍现象，但也是当下家校关系紧张、家校沟通日趋艰涩的一个缩影。

随着时代的发展，社会各界对教育的要求日渐提高，家长对学校、教师的教育行为不再像以往一样亦步亦趋，事事附和，而是以审视的目光看待教育，看待老师，更有甚者，直接挑剔学校，对抗老师。

当然，在诸多家校关系紧张的案例中，既有家长应担负主要责任的案例，也有教师应担负主要责任的案例。排除极少数极端家长的蛮横行为，大多数家校关系紧张的案例，教师是可以妥善处理、和平解决的。毕竟，大多数家长认为，孩子在老师门下学习，不想家校沟通僵化。

南京师范大学钱焕琦教授组织的一次家校关系调查显示：46%的家长认为，学校和教师倚仗教育的主导权力，在交往中要求家长无条件接受教师的指导，对家长缺乏应有的尊重，具体表现在彼此交流时，教师往往以命令式的口吻和家长交流，甚至有训斥、指责的行为。教师也常常会因为孩子犯错而指责家长教育的缺失。

一般来说，教师的这些行为容易引发家校关系紧张。

1. 居高临下

部分教师没有认清当前的教育形势，依然抱着"师道尊严"的传统观念，认为自己是教育的主导者，家长应该配合自己完成教育任务。这部分教师缺乏"平等合作"的精神，在家校关系中颐指气使，口气生硬，居高临下地和家长说话，甚至指使家长完成各种事务，让家长极其不满。

2. 不闻不问

部分教师认为，现代的家长是"老虎的屁股——摸不得"，抱有这种心态的老师在和家长的交流中消极应对，对家长的诉求不闻不问。这样的行为容易引发家长不满，家长会认为这样的老师不负责任。

3. 虚与委蛇

也有教师面对家长的种种诉求，敷衍了事，应付差事，缺乏该有的真诚。家长一旦认清这样的行为，就会失去对教师和学校的基本信任。

三、对策：运用同理心使沟通更有效

那么，教师如何在家校沟通中采取有效措施，避免家校关系紧张甚至是家校冲突呢？这就需要掌握一种基本的沟通理念和技巧——同理心。

通俗地说，同理心就是站在对方的立场，设身处地地理解对方的感知、体验和看法。

同理心包括这样三个层次：一是理解对方的情感和认知；二是理解对方为什么会产生这样的理解和认知；三是把自己设身处地的感知告知对方。

在运用同理心和家长进行沟通时，要把握以下三点。

(一) 树立平等意识

唐文琴在一项调查中发现，家校沟通中存在比较严重的失衡现象，沟通双方的关系失衡是其中的一个重要方面。究其原因就在于，教师认为自己具有一定的教育专业知识，再加上传统的"师道尊严"意识，往往是支配家长参与教育活动。而大多数家长也觉得自己专业知识缺乏，从而在沟通中处于从属地位。

教师作为家校沟通的主导方，掌握着教育权力，在沟通中占有优势地位。在与家长的沟通中，应该以平等待人的心态，以互相合作的意识进行平等的沟通。只有抱着平等的观念，才能显现在言行中，才能让对方感觉自己的真诚和善意，从而奠定友好沟通的基础。

(二) 学会换位思考

换位思考是同理心的另一种表达，就是站在对方的角度来看待问题，从而理解对方的情感和认知。教师在运用这一沟通技巧时，要注意三个要点。

1. 倾听

认真、耐心的倾听是沟通的前提，是运用同理心的第一个层次，即设身处地地感知对方的情感和认知。

一个优秀的倾听者，往往容易获得对方的信任。教师在和家长沟通时，首先要明白，一般家长主动要求沟通时，家长的诉求可能是积聚了很长一段时间，也可能是突发性事件引起的。这时候的家长情绪比较激动，想说的话也会比较多。

教师这时应该耐心地倾听家长的表述，不要随意打断，生硬制止。当家长不断倾诉甚至发泄之后，情绪会趋于平稳，这时候再开始理性地讨论、交流。

教师除了愿意听，还要会听，听取家长话语中的真正意愿是什么，真正的诉求是什么。在上述案例中，老师并没有静下心倾听家长的诉求，自然也没有听出家长的真正意愿。伊妈妈一开始不断向老师倾诉自己的担心，自然是希望老师能够通过各种方式了解孩子的情况，这也是人之常情。可惜，老师的反应却很冷淡："伊妈妈你好！我现在也在家里。不清楚学校的情况。""学校里有领导值班的。你可以联系一下。"这两句话就拒人于千里之外，没有体谅伊妈妈的着急。

2. 理解

在沟通的过程中，造成冲突的原因有两个方面：一是情绪，大多数沟通冲突案例表明，冲动、过激等不良情绪会让沟通失去理性，偏离议题，使沟通成了发泄情绪的过程。二是结论，双方有片面、错误的结论，让对方不能接受，造成了沟通的困难。

因此，沟通中就需要彼此理解。理解是运用同理心的第二个层次，即理解对方为什么会产生这样的情感和认知。

所处的环境不同，立场不同，角度不同，看问题的方式不同，得出的结论也不同。倘若沟通双方只站在自己的立场看问题，各执一词，最终结果只能是不欢而散。作为教师，在和家长沟通时，要从对方的角度去想，去感受对方的情感和认知，尤其是面对对方的不良情绪时，教师要沉得住气，理解对方的情感，千万不要因此冲动，破坏沟通的氛围。在此基础上，判断对方的认知哪些是合理的，哪些是不合理的。

上述案例中，老师没有理解家长的急切心情。孩子冒着暴风雨上学，家长又不了解孩子的行踪，着急是正常的。如果老师能够从家长的立场上思考，自然就能明白家长的心情，也能想办法联系学校，了解孩子的情况，自然就不会发生后面的语言冲突。

3. 回应

美国著名教育家内尔·诺丁斯（Nel Noddings）曾指出，倾听和回应是人与人之间彼此关怀的两个要点。回应的方式很多，肢体语言、口头语言、书面语言都是回应的方式。

在家校沟通中，运用最多的回应方式是肢体语言和口头语言。积极的回应方式，会让对方感受到善意，保证了友好沟通的继续。

教师在回应家长时，要注意肢体语言和口头语言的结合。这种综合性的回应，其实是同理心的第三个层次，即把自己对对方设身处地的感知告知对方，以获得对方的认同。常见的方式有不断点头，注视对方，辅以"是的""我同意""我觉得是这样""的确让人着急"这一类的话语。

比如，当伊妈妈很急切地向老师述说时，老师应该立即回应："你先别太着急，伊生活能力很强。""我先联系一下学校，看看伊是不是到学校了。"这样的回应体现热情，措施具体，会让家长心生感激。

（三）进行理性沟通

值得提醒的是，运用同理心，并不是无原则地一味认同、退让。

对于家长一些偏颇、片面或者不符合事实的结论，教师运用同理心，感知家长的情绪和认知，并对其表示认同，在消除了不良情绪的情况下，再进行理性的沟通。

比如，针对伊妈妈的"我希望学校以后不要临时放假。发停课通知应该要早一点"这一看法，教师可以委婉地进行解释："的确，最近天气不稳定，尤其是台风比较多，而且又捉摸不定，给家长带来了很大麻烦。不过呢，台风又是很难准确估计的，只能视情况而定。所以我们要密切沟通，关注孩子的安全。"

这样的表达遵从了"细安慰—摆事实—提策略"的流程，相信家长也会对自己不合理的结论进行反思。

综 合 篇

　　班主任工作管理是一项系统的工作，工作量大，牵涉面广，综合性很强。《中小学班主任工作规定》指出：班主任是中小学日常思想道德教育和学生管理工作的主要实施者，是中小学生健康成长的引领者，班主任要努力成为中小学生的人生导师。因此，全面了解每一个学生，认真做好班级的日常管理工作，组织开展班会、劳动教育等形式多样的班级活动，主动与学生家长联系形成教育合力等是每一位班主任的工作职责与任务。

故事润童年

——记广州市番禺区市桥中心小学德润班

有一个孩子每天向前走去，他看见最初的东西，他就变成那东西，那东西就变成了他的一部分……

——［美］沃尔特·惠特曼（Walt Whitman）

我们都想看见每一个孩子一步步地走进经典，走进优秀，让那绚丽的朝霞，那红色、白色的苜蓿草，还有那叽叽喳喳的小鸡一家，以及那美丽的迷人的湖水，所有美好的这一切，都成为孩子的一部分。

"一个人的精神发育史，就是他的阅读史。"对刚踏进小学的孩子来说，最佳的做法就是把他们交给阅读、交给故事，让一个个经典的故事成为他们的一部分，继而滋润、温暖他们的童年，美好他们的一生。

一、立心：自是故事最难忘

故事有一种魔力，它让人快乐，助人成长，促人创新，催人奋进，令人深思。好的故事就像一颗种子，让真、善、美在人的心田生根发芽。

2019年9月，德润班成立。从成立的那一天起，老师和家长就达成共识——让孩子们在故事中成长，在阅读中提升。

1. 追求

德润班班级文化的核心追求是：故事润童年。

童年是最美好的岁月，故事是最美丽的种子。我们希望经典的故事走进孩子的心灵，播下美丽的种子，为他们的精神世界打上美丽的底色。我们相信，这些美丽的种子，经过无数岁月，终将在他们的漫长人生中开出美丽的花儿。

2. 文化

以文化人，立象以显情。文化需要以外显的方式，让学生可知、可触、可感。因此，德润班以班名、班徽、班歌、公约、班级公众号、吉祥物的形式为载体，充分彰显班级文化的核心追求。

（1）班名

班级名称：德润班

来由：市桥中心小学各年级以字分辈，2019届为"德"字辈，"润"为班级名，合起来为德润班。寓意为以德润身，以文化人。

（2）班徽

书本象征着知识，小树苗象征着小朋友，"德修身、文化人、浸书香、润其身"融入老师和家长的育人宗旨，以美好的品德润泽其身，深沁其心，在良好的文化环境熏陶下，孩子们浸润书香，茁壮成长。

（3）班歌

围绕着班级文化，制定了班歌《梦想起飞》。班歌歌词朗朗上口，旋律优美动听，让班级中每一个孩子有追求、有目标，朝向美好的前方。

（4）公约

班级公约是规矩，是准绳，是班级学生的行为规范。为此，班级确立了行为公约，让每一个孩子都有契约精神，规矩意识。德润班的班级公约，既强调了日常的行为规范，又凸显了班级文化的核心追求，时刻让学生牢记——德修身、文化人、浸书香、润其身。

（5）班级公众号

德润班开设了德润班级微信公众号，定期在公众号中推送学生讲的故事，推送班级亲子阅读部落等班级活动。让更多的人传播学生讲述的故事，让学生获得更多前行的力量。

（6）吉祥物

吉祥物是班级文化的形象代言人。德润班的吉祥物是润宝宝。润宝宝微笑着张开双手，欢快地跳动着，穿着红色上衣，衣服正中央写着一个"润"字，寓意为"故事润泽童年"。整个画面构图简洁，富有活力，极具动感。

二、造境：耳闻目染皆童书

境如水，影响浸入之物。雅境，让人心旷神怡。德润班在造境时，着力一个"书"字，营造一个"雅"字，希冀用雅境引导每一个学生的雅行。

1. "阅读部落"展

教室后整面墙体是"阅读部落"的展示墙，主要展示各个"阅读部落"平时开展的各项活动，展示的形式图文并茂。空余时间，学生经常在"阅读部落"展示前驻足观看，细细回味每一次阅读活动。

2. "阅读之星"栏

教室走廊的墙上，是德润班的"阅读之星"展示栏。依据孩子每周的阅读情况，评选出班级"阅读之星"，贴出照片，成为班级每个学生的榜样，激励着每个孩子。

3. "故事大王"栏

教室走廊的柱子上，是德润班的"故事大王"展示栏。依据每个月读故事、讲故事、编故事的具体情况，评选出班级的"故事大王"。这一展示栏成了他们年级"最具吸引力"的地盘。

4. "好书推荐角"

教室的角落里，开辟出一个"好书推荐角"，推荐角中张贴着孩子们的好书推荐卡。大家在这里推荐、交流自己阅读的书籍，这是思想阅读交流中心。

5. "快乐读书吧"

让孩子爱上故事，就需要提供大批高质量的故事书。德润班在班级家长委员会的支持下，筹集了一大批经典故事书籍，并购置了颜色鲜艳的书柜，建立了"快乐读书吧"。"快乐读书吧"已经成为孩子们最受欢迎的地带，午间、课间都有大批孩子在这流连。

6. "悄悄心语箱"

有些话语不好当面说出，可以借助信件、纸条等方式传递心声，交流感情。为此，德润班设置了两个"悄悄心语箱"。学生有话可以给老师讲，给同学讲。"悄悄心语箱"成了班级人际交往的润滑剂。

三、赋形：花倚"故事"作态飞

班级文化建设，需要载体才能坚实有力，而课程是文化建设的重要载体。因此，德润班围绕"故事润童年"这一核心，在班主任、任课老师、全体家长的共同努力下，开发、实施了"讲故事""演故事""创故事""展故事"系列课程。

1. 讲故事：绘声绘色

对于一、二年级的孩子来说，讲故事是主体课程。"绘声绘色讲故事"分三种方式开展。

（1）"绘本直播间"

2019年德润班开启"绘本直播间"活动。黄老师带着孩子们一起录制故事，目前共录制了120多个绘本故事，分为感恩教育、想象力培养、心理健康等11个主题，在网站分类播放。

（2）亲子"阅读部落"

德润班共组建了六个亲子"阅读部落"：悦读童伴、童声书韵、阅读越精彩、书海拾贝、阅读之星、小书虫俱乐部，这六个阅读部落每个月都开展丰富多彩的阅读活动，截至目前，共开展了30多场活动。"阅读部落"在老师的指导下，主要以阅读交流、阅读分享、故事展演等形式进行。活动链接生活，融入生活。通过生活场景中的实践，链接了书本阅读中的内容，做到"知行合一""学做合一"，复活了书本中的知识。

（3）假日故事会

积极倡导学生在假日里，以语音上传的方式在微信群里讲故事。这种方式现场感更强，同学、老师和家长的评价以及鼓励是讲故事者巨大的动力。

2. 演故事：活灵活现

故事不仅可讲，更可表演。演故事更是一种学习的内化。每个学期，德润班都会组织故事表演活动。孩子们先在家里讲，然后在班里讲。他们从故事的选择到道具制作、服装的挑选、表演的练习，胆量、动手能力、口头表达、人际交往等多方面的能力都得到锻炼。

3. 创故事：有模有样

故事讲得多了，学生慢慢就开始会创编了。在班级创编故事活动中，涌现了一大批创编故事的小能手。《光与暗的传说》《智斗妖魔》《拯救太月》《沙漠里的童话》……一个个生动奇趣的故事是他们创编的。故事的内容丰富多彩，形式也各不相同。

4. 展故事：惟妙惟肖

让学生面对不同的听众表演故事，将会产生巨大的动力。为了给孩子营造浓厚的阅读氛围，创设一个想讲、敢讲、喜欢讲、有机会讲并能得到积极回应的环境，德润班开展了"我给弟弟妹妹讲故事"的活动，定期到一年级七个班级、学校附近的幼儿园开展故事讲演展示，通过改变听众、扩大听众面的方式，进一步激发学生讲故事、演故事、创故事的动力，更加激发了学生的积极性。学校一年级的同学们在德润班的影响下，也纷纷开始听故事、讲故事、演故事，与故事为伴，和故事同行。很多老师看到了德润班的文化建设，也纷纷开展"故事阅读"活动。

四、吐芳：添得黄鹂三四声

"立足素养长积累，润泽入心雏声清，故事路上且徐行，添得黄鹂三四声。"短短一年多的时间，德润班开始显山露水，崭露头角：德润班每个学期都被评为学校优秀班集体；短短三个多学期，德润班就已经有几十篇微信稿发表于学校公众号上；"德润学子"在全国、省、市、区等各级的比赛中屡屡获奖。语言艺术类尤为突出，多位同学取得全国青少年播音主持专业二级、参加"金龟子国际儿童艺术节广东省总展演""中国国际青少年主持人大赛"等比赛获得金奖。

雏鹰始展翅，故事润童年。番禺区市桥中心小学德润班秉承"德修身、文化人、浸书香、润其身"的精神，打造"故事润童年"的班级特色文化，为每一个学生的童年铺就温暖的底色，期待每一个"德润学子"带着经典故事，踏浪前行，抵达诗和远方。

爱的联盟

——班主任家访典型案例

一、活动背景

2020年新春的寒假是一个不平常的假期，新冠肺炎病毒突袭湖北省武汉市，并迅速向各省、市蔓延。这一场突如其来的疫情打乱了我们的开学节奏。本应在2月17日返校开启的2019学年第二学期，只能以线上学习的形式进行缓冲过渡。经过近三个月线上学习后，5月18日，广州市小学生开始分批次错峰返校，为这个因疫情而变得漫长的寒假画上圆满的句号。

而疫情对家庭、对孩子的影响是没有结束的。很多家庭的生活秩序被打乱，孩子的学习生活也大受影响。有部分孩子回校后出现了很多的不适应，这时教师通过家访了解孩子的情况，通过家访与家长探寻良策，通过家访与家长组成爱的联盟一同帮助孩子是有效的解决方法。

二、活动目标

1.认知目标

通过活动，帮助孩子正确认识自己，懂得接纳自己的状态；帮助家长寻根问源，了解自己和孩子的状态，知道改变的重要性。

2. 行为目标

通过活动，帮助孩子缓解上学的紧张情绪，引导孩子用合理的方式表达自己，尝试控制自己的情绪和行为；与家长一起寻找帮助孩子的有效方法，并在实践中反思，再实践。

3. 情感目标

通过活动，唤醒孩子对自我认知的需求，加强家长关注孩子内心需求的意识，培养家长和孩子面对困难的积极态度。

三、活动时间

2020年5—6月。

四、活动对象

一年级学生。

五、活动内容

1. 发现问题，调查了解

2. 寻根问源，寻找背后的故事

3. 建立"爱的联盟"，合力滋养

4. "爱的联盟"结硕果

六、活动方式

家访形式：电话访、家访、约见、微信交流。

帮助方式：个人、集体。

七、活动计划

1. 建立"爱的联盟"

2. 科学引导

3. 温暖陪伴

4. 疏导帮助

八、活动过程

（一）发现问题，调查了解

疫情回来，F同学每天在学校门口不肯进校门，扯着妈妈的衣服不放，躺在地上打滚。班主任总要施展浑身解数，才可以把她拽回教室。回到教室，她情绪还是很不稳定，嘴里总喊着要回家，不要上学。课堂上，F同学要么做自己的事情，沉浸在自己的世界；要么不耐烦地大叫、哭闹。

孩子究竟怎么啦？课间10分钟，班主任多次观察F同学，发现她经常一个人坐在座位上喃喃自语，有些同学好奇，会尝试询问她，她就会发出刺耳的尖叫。班主任尝试靠近，她也报以尖叫。班主任找来坐在F同学旁边的几个同学了解情况。同学反映，F同学常常说一些古怪的话，比如，"我在研发一种高科技产品，这产品可厉害了！""我是不会结婚的，我绝不会结婚的。""不要再说，你再说我就死了……"孩子经常胡言乱语。老师听到这些，看见F同学"发作"的状态，吓得全身起了鸡皮疙瘩。班主任甚是担忧："孩子是人格分裂吗？疫情期间她究竟经历了什么？"

（二）寻根问源，寻找背后的故事

班主任给F同学的妈妈打了个电话。F同学的妈妈听到老师说明情况后就哭了，不停地说："老师，我也没办法！我已经尽力了！我也没办法！我也不想离婚，一个人带孩子真的好难……"等妈妈平静下来后，班主任从妈妈口中了解到F同学的情况。原来2020年的疫情给这个单亲家庭带来非常大的冲击，妈妈一个人带孩子很吃力。特别是复工复产后，妈妈必须上班，家里就只有F同学一个人。每天妈妈出门，F同学就开始哭闹，后来在视频监控里看见她除了妈妈出门时哭闹一阵子，之后就会跟家里的布娃娃玩，妈妈才放心了些。本以为孩子上学这些问题就解决了，没想到孩子上学后会这样。

听了F同学妈妈的阐述，班主任明白了，孩子一定是因为长期缺乏陪伴，所以没有安全感，只能哭闹。而且，她长期独处，因此就常常独自说话了。但是，孩子说的话为什么会那么吓人呢？妈妈也说不清楚。

带着困惑和思考，班主任向学校的心理老师和学校德育校长求助。他们了解了情况以后，说："我们得先看看孩子的行为。"心理老师和德育校长观察了孩子上课、下课的表现，并尝试与孩子交谈。他们发现虽然F同学经常独自说"胡话"，但她似乎特别需要与人交谈。只要不打断她说的话，你在她旁边应和，她的情绪会稍微好一些。心理老师的初步诊断与班主任一致——孩子长时间缺乏陪伴。孩子说的那些天马行空的话也很正常，那只是说明孩子的想象力比较丰富而已。至于孩子说不结婚、要死之类的话，就必须与家长面对面沟通才能诊断。

征得家长的同意，班主任、心理老师和德育校长与F同学的妈妈进行了一次面对面的交流。在交流的过程中，F同学的妈妈一直在倾诉自己的不幸遭遇，诉说自己离婚后生活如何不幸福，如何身心俱疲……几位老师在沟通过程中，得知F同学的妈妈由于婚姻的失败，一直不甘心，感到不幸福。她没有让自己幸福和美起来，因而投射到孩子身上，也没有让孩子过上很滋养的生活。妈妈平时会经常对自己的女儿（F同学）说一些埋怨的话语。

（三）建立"爱的联盟"，合力滋养

班主任把两次的家访以及多方调查了解的情况进行分析研究，再综合心理老师、科任老师、德育校长的意见，制订帮扶计划。

1. 建立"爱的联盟"

纵观F同学的情况，班主任发现仅靠自己和家长来帮助孩子是远远不够的，需要发动多方力量来帮助她。于是班主任把心理老师、班级所有的任课老师、班里的孩子们，还有F同学的妈妈组织起来，建立"爱的联盟"。

2. 科学引导

心理老师跟F同学交朋友，常常跟她讲故事、聊天。对F同学"胡思乱想"的情况进行了科学的引导，告诉她：胡思乱想都是正常的，每个人都会胡思乱想，没有想象，怎么有飞机的出现，怎么有载人航天工程呢？这不都是我们人类的飞天梦吗？想象是很重要的，努力把美好的想象变成现实更重要呢！心理老师把F同学的"胡思乱想"正常化，不要让F同学觉得这是特别的事情、不好的事情，将她往正面的方向引导。

3. 温暖陪伴

课余时间，所有任课老师轮流带着班里的同学坐在F同学的旁边，听她说话，不打扰；她的头发乱了，给她梳头发；衣服乱了，给她打个漂亮的蝴蝶结……慢慢地，早上来她不再哭闹，只要班主任给她几句鼓励的话，她就会牵着老师的手回课室。在课堂上尖叫的次数少了些，喃喃自语的声音也少了。

4.疏导帮助

F同学需要帮助，妈妈也很需要帮助。妈妈成长了，孩子才会成长。班主任和心理老师帮助家长分析了自己的问题，并提出了一些中肯的建议。给家长帮助，给家长鼓励，还推荐家长参加自我提升的课程。

暑假将至，班主任通过一些视频告诉家长，孩子的成长需要接触丰富多彩的生活元素，建议家长多带孩子去接触丰富多彩的外界社会，不要让孩子长期待在单一的环境中。

（四）"爱的联盟"结硕果

在"爱的联盟"合力滋养下，F同学成长了，"爱的联盟"里的每一位成员都成长了。

F同学：每天高高兴兴背着书包上学；课堂上虽然还是不够专注，但基本能与同学一起学，有时还会举手发言；课间会与同学聊天、玩游戏，笑声取代了之前的尖叫声……

F同学的妈妈：脸上的笑容多了，每天陪伴孩子，经常带孩子到公园玩，经常与老师沟通。孩子在成长，她也在成长。

F同学的同学：他们学会了关爱，懂得了陪伴。

班主任：凡事都有缘由，寻根问底很重要；孩子需要帮助，家长也需要帮助；合力滋养会让教育焕发生命的活力。

心理老师：我们要做孩子心灵的陪伴者，在关注孩子品格发展的同时，还要关注他们的心灵，陪伴他们健康成长。

……

九、活动反思

（1）教师是发现者，要发现孩子的心理需求，要了解他们背后的故事，要寻找问题的根源。

（2）教师是孩子的心灵陪伴者，关注孩子品格发展的同时，还要关注他们的心灵，陪伴他们健康成长。

（3）教师是幸福教育者，传递爱和能量，温暖每颗心，让生命更有活力。

（4）教师是教育的引领者，孩子需要引领，家长也需要引导，教育不能孤军作战，团队力量会走得更远。

让每个队员都在快乐集体中快乐成长

——广州市番禺市桥中心小学四（1）快乐中队侧记

广州市番禺市桥中心小学四（1）中队是一个快乐集体。我们坚持以人为本，把竭诚为少年儿童健康成长服务作为少先队全部工作的出发点和落脚点，为少年儿童"勤奋学习、快乐生活、全面发展"做好服务和引导、创造好环境和条件，努力创建快乐中队。在四（1）中队中，队员们都以主人翁的姿态参与集体生活。他们寻找快乐的源泉，争做快乐小主人；营造快乐的氛围，展示快乐自我；创造快乐的生活，获取快乐体验。活动中充满快乐、公平、和谐、互助、向上，使每个队员的个性得到彰显，使每个人都感到快乐。

一、寻找快乐的源泉，争做快乐主人

快乐是什么？快乐是一种美好的情感体验，是人类具有的独特的本能欲望，更是儿童的天性。而四（1）中队队员心中的快乐是什么呢？为此，中队开展了快乐大搜索，寻找快乐的源泉。调查结果显示：队员们有的认为快乐就是吃喝玩乐，就是无忧无虑；有的认为成绩好就快乐；有的认为没有作业负担就快乐；有的认为没有老师、家长的批评就快乐；还有的认为来自家庭、学校等各方面的压力，使他们不快乐。或个性压抑，他们渴望"自由"；或生活被动，缺乏自主；或未经挫折，不能自立。他们渴望自己做主，自己支配自己的时间、学习……

但队员们对快乐的认识显然是片面的，理解也有一定的局限性，如果不做正确引导，那将是危险的。针对这些情况，辅导员充分发挥主导作用，站在与队员平等的位置，以平等、友好、和谐的方式，引领队员们开展快乐大搜索，提高队员们对"快乐"的正确认识。首先在日常学习、生活中注意引导队员认识和体会不同的快乐。辅导员轻轻的一句"你快乐吗？"让队员们不错过每次的快乐体验。逐渐引导他们体会到不仅为集体做事、为中队争光是快乐，而且帮助别人、懂得给予也是快乐。走在郊游的路上，手牵着手，肩挨着肩，沐浴金色的阳光更是快乐。获得表扬是快乐，在家帮助家人同样是快乐，在集体活动中展示自我就更是快乐……

中队辅导员是中队的引导者。辅导员不仅引导队员从活动中发现快乐、体验快乐，还以自身的快乐去感染每个队员，并及时了解队员的内心感受，与学生融为一体，共同建设快乐集体。随着大家对快乐有进一步的认识和理解后，辅导员及时引领队员按发动队员—收集意见—民主讨论的程序用集体的智慧制定出大家的《快乐公约》。

1. 快乐需要遵纪，每个队员都要遵守学校各项常规，做合格快乐的小学生。

2. 快乐需要努力，通过自己的努力来实现自己的愿望是最快乐的。

3. 快乐需要团结，与人和睦相处，大家手拉手自然就快乐。

4. 快乐需要奉献，献出自己的爱心，换来喜悦的果实。

5. 快乐需要互助，给予别人快乐，自己更快乐。

二、提供快乐平台展示快乐自我

快乐需要营造，快乐需要创设。只有在一个民主、平等、和谐的集体中，队员才能获得快乐。只有为队员提供快乐的平台，队员才能真正展示快乐，展示快乐自我。

环视四（1）中队教室，你会很舒心、很快乐：课室的环境舒适、整洁，窗台上的绿色植物生长旺盛，图书角的书摆放有序，课桌上的学习用具整整齐齐；黑板报上，宣传小组精心设计的"快乐角""轻声细语""你猜我猜一起猜"……道出队员们的心里话，丰富了队员的学习生活；我们的墙壁会说话，"优秀雏鹰中队""文明班""文明班标兵""安全献良策最积极参与奖""番禺区优秀班集体"……这些奖状和名誉常常激励队员参与快乐中队的建设，使他们快乐成长。

深入四（1）中队，你更会感受到那种平等、民主的氛围。根据快乐中队的建设理念以及队员向往民主的意愿，辅导员把中队还给队员，让中队充满民主气息，创设快乐的阵地。

就说中队干部的选举吧。四（1）中队实行的是民主选举制，只要愿意为大家服务的队员都可以参加竞选，自定服务岗位。由于竞选的条件只有"愿意为大家服务的队员"，所以全体队员在没有任何压力的情况下，快乐地报名，快乐地竞选，有的还一个人竞选多个职位。竞选以演讲形式进行，最后以不记名的投票选举产生。选举的气氛非常热烈，队员们一个个胸有成竹地走上讲台，就像一个个演说家，自信地介绍自己的"宏图伟略"。有的竞选"小财神"岗位，负责设立节约箱，专门收集废旧作业本和报纸，定期销售，所得金钱留做中队活动经费；有的竞选"广播员"岗位，负责记录和表扬中队涌现出的好人好事，并及时在黑板报上公布；有的竞选"小小卫生员"岗位，负责设立药箱，给同学以方便；还有的竞选几个队员组成的"智慧团"，专门负责为集体出谋划策……

在竞选中，有不少队员落选了，个别脆弱的女生甚至忍不住掉泪。但大家欣喜地发现：全体队员们在竞选中长大了！在竞选的过程中，他们都是以主人翁的姿态参与。无论成功与否，他们在竞选过程中都找到了自己在中队的位置，找到了自己努力的方向，找到了自信，找到了快乐。

三、建设快乐集体，创造快乐生活

快乐集体就是让每个队员在集体活动中获得快乐的集体。要建设快乐集体，就要创造快乐生活，让每个队员感到学习快乐，活动快乐，生活也快乐。

（一）在学习中创造快乐

"书山有路勤为径，学海无涯苦作舟。"难道学习就没有快乐了吗？那我们来看看四（1）中队的队员们如何在学习中创造快乐。

四（1）中队是我们学校第一届"基于网络环境下基础教育跨越式发展创新试验"的试验班。网络教学的优势为队员们在学习中创造快乐提供了有利的条件。英语的学习资源画面生动有趣，标准的英语对话，让队员置身于活生生的英文语言环境中。一直以来，孩子认为学英语是"苦事"，现在变成了"乐事"。语文的学习资源就着重在语言上吸引队员们。一首首生动有趣的诗歌，一个个引人入胜的故事，一篇篇经典的文章，一个个精彩的片段，让队员们时而开怀大笑，时而愁眉苦脸，时而着急万分，时而……网络的留言平台就更受队员的欢迎了。课后，队员们都能够在留言平台上写下自己的感受与同学、老师分享。一句句感人的话语、一首首稚气的小诗、一篇篇充满童趣的文章就在这里诞生，队员们无拘无束地享受着创作的喜悦，吸收着别人的精华。

综合实践课上，队员们兴高采烈地和老师一起走上大街去采访、调查，走进大自然去观察、体验；科学课上，有趣、奇妙的实验更是课堂的"常客"……偶尔经过教室门口，你总能听到那串串笑声肆意地从门口、窗户传出来！四（1）中队的队员在这些寓教于乐的活动中，学习热情高涨，心情快乐舒畅，并且屡创佳绩！

（二）在活动中创造快乐

"自己设计，自己组织，大家参与，创造快乐"成了四（1）中队的基本活动模式。队员们用他们创造性的智慧、灵异的想象、纯真的心灵，设计、组织和总结活动。队员们在活动中参与着、品味着、快乐着。

六一儿童节到了，又是队员们大显身手的时候了。"美丽天使"带领着队员们把课室打扮得"花枝招展"；"智慧团"设计了十几个游戏项目，其中"倒数数""记电话号码""抽奖""飞标"都是他们自己创新设计的。儿童节当天，吸引了200多人来玩游戏。"小警铃"和"小管家"主动做起管理纪律的工作，让整个活动开展得很成功。在活动中，队员们完全成为活动的主人，他们团结在一起，通过自己的努力创造了快乐，也给予别人快乐。

在学习"八荣八耻"的活动中，辅导员与队员们一起学习这个听起来挺陌生的"东西"；和队员们一起分享自己的理解，用活生生的生活故事吸引队员；和队员们一起寻找"八荣八耻"的身边事。有了辅导员的直观引导，队员们真正读懂了"八荣八耻"，还用自己独特的形式在少先队活动课上展示自己的学习成果。他们有讲故事的，有编写童谣的，有表演小品的……其中最有创意的要数快板《荣耻放在行动里》。队员们在老师和同学面前"大显身手"，展示了才华，从中看到了自己的价值，产生向上的力量，进而自立进取，并体验到成功的欢乐。

在"我在队旗下成长"活动中，队员们创造着一次又一次成功，同时承载着一次又一次快乐。每一次的成功与快乐，都是下一次成功与快乐的起点。四（1）中队有声有色地开展了"我捐废纸育新苗""创新游戏大赛""我为少先队添光彩""踏着烈士的足迹前进""学雷锋，争做合格小公民""同升一面旗，共爱一个家""学法护法做文明学生"等活动，在新颖纷繁的活动中，队员真正成为活动的主体，展示技能，彰显个性，达到了能力增强、团队合作、知识拓展三赢的效果。大家体会到成功并非偶然，成功需要不断努力。你越努力，成功就离你越来越近，你也越来越快乐。

（三）在生活中创造快乐

建设快乐中队的最终目的是让队员们真正懂得快乐地生活，拥有快乐的生活。使他们不仅在校园里，而且在家中以及在社区等一切的环境中都学会快乐，使"快乐中队"的活动向社会延伸。

四（1）中队的队员李同学得了肺炎，两个星期不能回校上课。"智慧团"马上派出小遇等三位同学轮流为她补习功课；"宣传委员"则发动全体队员做慰问卡和写慰问信；"小小卫生员"就此教育同学们要注意卫生；"宣传委员"还特地出了一期"预防肺炎"的黑板报。集体的温暖驱走了李同学的痛楚，她感动、她快乐！队员们的行为给予了别人快乐，让他们觉得更快乐。这件事影响着每个队员的心灵，他们还把这种互助、奉献的氛围带回家去、带到社会上。

在孝敬父母教育系列活动中，四（1）中队开展"我为爸爸妈妈送上一份礼物""小鬼当家""每天说好四句话""一天一事"等形式活泼、有实效的活动。在活动中，队员们自觉地当起了父母的小帮手，学习做饭、洗碗、洗衣服等家务活；为父母准备一件小礼品：一张成绩优秀的试卷、一声关切的问候、一个精致的贺卡；与父母角色交换，体验当家的甜酸苦辣。

在"我是中心人，我为创建绿色学校出份力"活动中，四（1）中队还开展了"创建绿色家庭""制定家庭环保公约""争当绿色家庭小卫士"等活动。队员和家人一起进行环境保护，一起制定具体的家庭公约，一起为创建绿色家庭而努力。他们还活跃在社区各个角落，护绿保洁、擦拭活动器械、为困难家庭送去温暖……

四（1）中队调动学校、家庭和社会各积极因素，给队员们创造一个广阔的体验空间，使队员们在这个空间里自我教育、自我管理、自我规范和自我超越，真真切切地在体验中感受成长的快乐。

四、体验快乐情感，获取快乐硕果

伴随着快乐中队的创建，大家欣喜地发现四（1）中队在变化、在成长。

先看四（1）中队的学习成绩吧。四（1）中队的队员们每个学期各科成绩在年级里均居前列。几年来，队员们参加的各类学科比赛都取得了骄人的成绩：参加全国跨越式创新试验总课题举办的语文和英语的能力竞赛，4人获一等奖，3人获二等奖，3人获三等奖；6位同学的多篇文章在《番禺日报》上发表；3位同学的文章在全国发行的《小学生拼音报》和《现代中小学生报》上发表；3位同学参加广东省"粤星杯"作文比赛获三等奖；在本校举办的奥数等各类的比赛中，队员们成绩突出，获奖的人数是学校各中队之冠。

再看四（1）中队的综合素养吧。四（1）中队的队员们发展很全面，综合素质高。7位队员曾分别获全国中小学生绘画作品比赛一等奖、番禺区小学生电脑绘画作品和第三届学校艺术美术比赛二等奖等各级奖项。4位队员是学校田径队的主力，曾获市桥城区田径运动会男、女子接力赛第一名和200米五等奖、400米第六名。7位同学曾分别获香港国际传统武术比赛一等奖、二等奖和优秀奖，在广东省传统武术大赛中取得1金3银3铜的好成绩。1位同学被评为番禺区优秀少先队干部。

还看具有集体凝聚力的四（1）中队吧。四（1）中队还是一个很有凝聚力的集体。他们获得了多项集体荣誉：荣获"番禺区优秀班集体"的光荣称号；荣获学校武术操比赛、广播体操比赛、"我为安全献良策"等比赛的一等奖和最积极参与奖；每个学期都被评为"文明班"，两次被评为"文明班标兵""快乐中队标兵"等。四（1）中队在成功中尝到快乐，在快乐中不断取得成功。

快乐中队集体建设虽刚刚起步，但在"让每个队员都在快乐集体中快乐成长"的思想指导下，四（1）中队每天都散发着快乐的气息。队员们在集体中，拥有了快乐的、具有个性特色的共同目标，营造了开放、民主、平等的快乐环境，获取了创造性的活动所带来的快乐。可以这样说，大家在寻找快乐、追求快乐的同时也在创造快乐。四（1）中队成了队员快乐的世界，自主的园地，创造的舞台，友爱的家庭。每个小精灵，都期盼着有一天能够插上飞翔的翅膀，飞得更高、更远……

奉献　服务　成长

——"雏鹰志愿服务小社团"事迹介绍

"奉献爱心，服务大家，锻炼成长"是"雏鹰志愿服务小社团"的宗旨。"雏鹰志愿服务小社团"自成立以来，在学校、家长和老师的引领与支持下，队员们坚持不懈，从帮助患病的同学做起，从学校、家庭身边点滴小事做起，逐渐把服务对象扩大到社区的孤老家庭、智障儿童、附近的乡村以及边远贫困山区的儿童。大家参与并组织丰富多彩的、对社会有影响的各种实践体验活动。在这个过程中，社团在长大，队员们在成长，爱心在传递，精神在延伸。

随着一次次的活动，一次次的收获，一次次的成功，"雏鹰志愿服务小社团"脱茧蜕变，展翅高飞，引领一只只小雏鹰在广阔的天空中翱翔。

一、团结上进，小小雏鹰要成家

中队的胡同学在阑尾炎手术后竟得了肠粘连的后遗症，住进了人民医院。肠粘连把胡同学折腾得瘦骨嶙峋，队员们见了都很着急、很担心。大家都纷纷到医院探望他、慰问他、陪伴他，希望为他减轻痛苦。但有时队员们会不约而同来到病房，结果病房成了"闹市"，那时大家真的不受欢迎；有时胡同学在病房闷得发慌，却没有人到，这时，胡同学和他的家长都很渴望队员来临。辅导员知道这个情况后，建议大家要协调好，不然就会适得其反。于是，中队长、副中队长等同学负责起协调的工作。他们根据队员们的意愿，把队员分成合作组，合理地安排探访时间。有了整体的安排以后，队员的每一次探访带给胡同学的都是快乐。有时队员还把功课带过去，给胡同学补习功课。

"谢谢你们，孩子！""你们真是小雷锋啊！"听到大家的称赞，大家可满足、可高兴啦！"幸亏有我们中队长的安排，不然我们还像以前那样……"一个同学的话引起大家的思考：是啊，其实每个人都很有爱心，但有时因不知如何表达，有时因没有合理安排，结果"好心办坏事"。于是，成立小社团大家庭的想法开始酝酿。通过讨论，大家决定成立一个以"奉献爱心，服务大家，锻炼成长"为宗旨的小社团。

小社团的名字叫"雏鹰志愿服务小社团"。队员们就像一只只满怀理想、满怀爱心、满怀憧憬的雏鹰，大家做好充分的准备，要把每个人那点微薄的力量凝聚起来，用到需要的地方；用每个人坚定的信念，用每个人义无反顾的行为影响周围的人；大家更会在帮助别人的同时努力锻炼自己，长成一只只翱翔于天际的雄鹰！

二、奉献服务，小小雏鹰起航啦

"雏鹰志愿服务小社团"自主意识强，在学校大队部的大力支持和社团辅导员的指导下，队员们很快就自己制定了社团的规章制度，有目的、有组织、有计划、有序地开展实践工作。每个社团成员都带着敏锐的眼睛去寻找、发现需要帮助的地方；每个社团成员都带着满怀的热情去实践，到需要的地方去服务；每个社团成员都在奉献中收获，在服务中长大。

（一）志愿服务小事起

"雏鹰志愿服务小社团"没有什么豪言壮语，但有的是满腔的热情，有的是服务的意识，有的是实际的行动。它始终坚持的宗旨是——从小事做起，从身边做起。

瞧，队员们发现低年级同学不懂出墙报，"雏鹰志愿服务小社团"就派出"宣传小组"的成员一笔一画去教他们画。每一期墙报至少要耗上两三天，但队员们从不厌烦。相反，大家很享受这个过程，每次见到小同学在指导下完成一期墙报，大家就兴奋得手舞足蹈。要知道，在教的过程中，每个人都会真正感受到爸爸、妈妈和老师为我们的付出是多么的大。

看，潘同学在交通意外中脚断了，拄着拐杖很不方便，大家就每天背他上楼梯。他落下的功课，队员们一早就商量好，由"学习小组"负责。"学习小组"每天都安排学习成绩较好的同学给他补习。看到他的学习慢慢跟上来了，家长和老师都竖起大拇指称赞。

大家的肯定，给予队员们强大的鼓励，使队员们服务的热情更高涨，从而更懂得关注身边的人、身边的事。队员们学会关心、学会爱护、学会帮助，使社团服务的对象更广，服务的质量更高，当然收到的评价也就越高了。

（二）志愿服务到社区

随着一次次活动的深入开展，"雏鹰志愿服务小社团"工作出现了新局面。在辅导员的带领下，"雏鹰志愿服务小社团"的活动越来越多，越来越深入民心。大家都住在学校附近的社区里，每天见到环卫工人为大家服务。于是队员们商议：大家也来为社区服务。队员们以合作组为单位开展社区服务活动。于是在社区里，经常见到大家的身影——有的拿起扫把清扫街道，有的挥起铲子清除杂草，有的拧起抹布擦亮社区宣传栏。队员们一个个挽起衣袖，干得非常卖力，就连地面的一些口香糖印都不放过。社团的行动深深打动了居民，居民们都纷纷竖起大拇指。

平时，大家还留意到周围有很多生活困难、生活缺人照顾的贫困户。队员们就常常带着礼物给他们送去，和他们聊天，给他们表演节目，为他们做一些力所能及的事。当一股浓浓的暖流流淌在贫困户的心间，温暖着社区每个角落的时候，大家也懂得了助人是快乐的。

（三）志愿服务到残疾学校

人人身体健康，多么幸福，多么快乐！听了坐着轮椅的著名的记者、旅行家、作家尹小星的讲座后，大家不由得感到自己的幸运，更开始关注起残障人群。是啊，残障人群更需要大家的关爱！番禺区有一间叫"培智"的智障儿童学校，于是队员们就一起带上食物、玩具去探望他们。开始，看到他们表情呆呆的，手脚不灵便，队员们还真有点害怕。但看到他们见到大家高兴得手舞足蹈，大家不由得忘记了害怕，和他们一起吃、一起玩、一起笑。身有残障的人是多么渴望大家的到来啊！那时，大家才真正明白什么叫"身在福中不知福"，什么叫渴望！真是赠人玫瑰，手有余香啊！

（四）志愿服务到乡村

"营造书香校园"读书活动在学校轰轰烈烈地进行。当大家沉浸在书香之中时，在一次调查中，队员们发现有很多乡村的孩子到现在还缺乏书，缺乏读书的氛围。其中的原因除了家长经济条件不好以外，更多的是家长对这方面的认识不够，不重视文化教育，不愿意给孩子买书。队员们多么希望能为乡村的孩子服务啊！经过辅导员的几番努力，又得到学校的大力支持，"雏鹰志愿服务小社团"的"红领巾书屋"志愿服务到乡村啦！

大家把平时看过的书报积攒起来送到乡村的学校去，把自己心爱的书集中起来带到乡村去，在乡村创设一个良好的读书氛围。大家的行为影响着那里的小伙伴，更影响着他们的家长。

在活动现场，当看到一个个乡村的小伙伴静静地坐在大家带去的小凳子上津津有味地看着书，队员们悄悄地走到他们身边，轻轻地给他们盖上奖励的印章，生怕打扰了他们阅读的雅兴。当看到那一双双渴求的眼睛盯着那精彩的文字时，大家的劳累都是值得的。队员们在收获，在收获感动，在收获幸福，在收获友谊，更收获了成长……

"雏鹰志愿服务小社团"的活动更把《番禺日报》的记者"招"来了。第二天，有关"雏鹰志愿服务小社团"的报道就上了番禺新闻。"我们上报啦！"这更加坚定了大家的信念——尽自己的一切力量，帮助更多的人，影响更多的人！

（五）志愿服务到山区

"雏鹰志愿服务小社团"又出发啦！去哪？告诉你，社团得到学校和"里程二十五"团体的支持与帮助，在一个晴空万里的早上从学校出发，驱车近三个小时后，到达清新县（现为清新区）清平小学，去举行"放心去飞，爱满天下"爱心活动。大家满腔热情，倾力为当地的孩子献上他们精心准备的节目，接着又和他们一起玩游戏，赠给他们大家带去的心意。

短短一天的志愿服务活动结束了，在乘车回校的路上，队员们的心却久久不能平静。大家暗下决心，回去一定要把今天的感想和收获与家人、同学分享。大家在帮助别人的同时自己也感到无比快乐。

每次活动后，大家都会交流活动感受、活动体会和活动成果。那份喜悦、那份收获、那份辛酸、那份感触，只有经历过的人才能体会到。因为每次活动的内容不一致，活动的地点不确定，接触的人也不知道具体情况，大家的体验总是会有意外的惊喜，意外的收获。常常也有意外的、不顺心的事情发生，但是队员们都能通过集体的力量协商解决。

三、精神传递，小小雏鹰影响大

爱心是可以传递的，爱心是需要传递的。大家知道，每个人的力量是有限的，只有把自己的爱心传递出去，它才会被无限地放大，覆盖在大家生活的周围，甚至覆盖到整个世界。所以，大家经常与亲朋好友分享社团的志愿服务，分享满足，分享收获，分享快乐。渐渐地，周围越来越多的人开始认同大家的观点——付出自己的爱心是一种幸福，为别人服务是一种幸福。也有越来越多的人在我们的影响下，加入了志愿服务的行列中。

瞧！在学校附近的小公园里、小区里，一群群小学生常常把带来的书籍摆在石桌上，吸引周围的人过来，拿起书看起来。别以为看书的都是小学生，里面还有幼儿园的，中学的，甚至还有成人。看到这里，你别以为这都是"雏鹰志愿服务小社团"的成员所为。其实是学校甚至其他学校的同学向大家学习，也开始投入社会服务活动当中。

大家也将爱心传递到偏远山区。在阳光灿烂的日子里，黎同学的家长和他们的朋友一行6人来到连县的一个贫困家庭里，给贫困户送上丰富的礼物，并答应资助家里的小孩学费。问他们为啥会这样做？他们毫不犹豫地说——向黎同学学习！

新年也会成为"雏鹰志愿服务小社团"最有意思的节日！"雏鹰志愿服务小社团"在寒假期间开展了"爱心服务走进千家万户"的活动。队员们有的和家人到五保户家打扫卫生；有的为困难户贴春联；有的到老人院慰问老人；还有的给孤寡老人送上新年礼物……

寒假一结束，大家就按捺不住心中的激动，和同学分享自己志愿服务的收获，和同学分享志愿服务的快乐。大家都不约而同地说："2009年的新年，是最有意思的新年！"

四、羽翼渐丰，小小雏鹰已长大

看到一张张感激的笑脸，读到一封封感谢信，听到一句句感动的谢言，回首走过的路，回首大家参加的志愿服务活动，回首大家留下的脚印是那么清晰……

在志愿服务中，队员们知道了什么叫家破人亡，什么叫坚强；在志愿服务中，队员们体会到"人生最大的快乐就是助人"；在志愿服务中，队员们懂得什么叫幸福，知道什么叫渴求；在志愿服务中，队员们收获了感动，收获了幸福，收获了友谊，收获了成长；在志愿服务中，队员们在尝试中探索，在探索中锻炼，在锻炼中成长，在成长中蜕变……

自"雏鹰志愿服务小社团"成立以来，中队呈现出一幅幅精彩纷呈的画面。看，队员们的中队被评为全国"魅力少先队"；队员们的中队光荣地获得番禺区先进班集体称号；朱同学获得全国优秀小记者称号，并到人民大会堂领奖；陈同学被评为番禺区优秀队干；伏同学获得番禺区优秀雏鹰少年称号……

随着一次次的活动，一次次的收获，一次次的成功，"雏鹰志愿服务小社团"脱茧蜕变，展翅高飞，引领队员们飞向广阔天空。这一只只展翅的小雏鹰将投入更多、更广的社会服务中去，成为一只只能与风浪搏击的雄鹰！